高等职业教育"十四五"系列教材

Qiche Weixiu Yewu Jiedai
汽车维修业务接待

铁争鸣　韩　风　主　编
李富香　蔡月萍　主　审

人民交通出版社股份有限公司
北　京

内 容 提 要

本书是高等职业教育"十四五"系列教材。本书以内容实用、可复制性强为原则,以汽车4S经销店维修接待岗位的标准工作流程为准则,将汽车维修业务接待员的工作内容分为六个学习情境:预约服务、接车准备服务、接车/制单服务、维修服务、质检/结算服务和跟踪服务。

本书可作为高等职业院校汽车检测与维修技术专业、新能源汽车运用与维修专业和汽车技术营销与服务专业的教学用书,也可作为汽车检测与维修、汽车技术营销与服务人员的培训教材。

图书在版编目(CIP)数据

汽车维修业务接待/铁争鸣,韩风主编.—北京:
人民交通出版社股份有限公司,2022.11
　ISBN 978-7-114-18101-6

　Ⅰ.①汽⋯　Ⅱ.①铁⋯②韩⋯　Ⅲ.①汽车维修业—
商业服务—教材　Ⅳ.①U472.31

中国版本图书馆 CIP 数据核字(2022)第 127955 号

书　　名:	汽车维修业务接待
著 作 者:	铁争鸣　韩　风
责任编辑:	张一梅
责任校对:	孙国靖　宋佳时
责任印制:	张凯
出版发行:	人民交通出版社股份有限公司
地　　址:	(100011)北京市朝阳区安定门外外馆斜街3号
网　　址:	http://www.ccpcl.com.cn
销售电话:	(010)59757973
总 经 销:	人民交通出版社股份有限公司发行部
经　　销:	各地新华书店
印　　刷:	北京科印技术咨询服务有限公司数码印刷分部
开　　本:	787×1092　1/16
印　　张:	12.75
字　　数:	302 千
版　　次:	2022 年 11 月　第 1 版
印　　次:	2023 年 9 月　第 2 次印刷
书　　号:	ISBN 978-7-114-18101-6
定　　价:	48.00 元

(有印刷、装订质量问题的图书,由本公司负责调换)

前言

随着我国汽车行业的不断发展,汽车售后环节创造利润的重要性越来越凸显,这就要求从事维修接待工作的人员要具备善于服务、与客户有效沟通、熟悉维修接待流程、能销售等方面的人文素养和专业能力。

青海交通职业技术学院汽车工程学院组织专业教师,依照教育部发布实施新的《高等职业学校汽车检测与维修技术专业教学标准》的要求,紧密结合汽车专业高职高专人才培养需求,编写了《汽车维修业务接待》活页式教材。

本教材在编写过程中,编者认真总结了青海交通职业技术学院专业建设经验,注意吸收先进的职业教育理念和方法,形成了以下特色:

(1)与专业教学标准紧密衔接,立足先进的职业教育理念,注重理论与实践相结合,突出实践应用能力的培养,体现"工学结合"的人才培养理念,注重提升学生的技能。

(2)借鉴"行为引导法"的教学理念,根据企业真实的工作岗位,将具有完整工作过程的工作任务分为若干个学习情景,将教学内容融于每个学习情景中,以任务驱动的方式采用"资讯、计划、决策、实施、检查、评价"六步法设计活页教材,供学生实践巩固。

(3)在确定教材编写大纲时,充分考虑了课时对教学内容的限制,对教学内容进行优化整合,避免教学冗余,每个环节都有相应的微课和 PPT 课件,可根据学习者的情况进行线上学习。

(4)教材中融入课程思政元素,明确体现了"为谁培养人、培养什么样的人、怎样培养人",在培养造就高技能人才的同时,加强了学生的思想教育。

全书由青海交通职业技术学院铁争鸣、韩风担任主编,李富香、蔡月萍担任主审。参加本教材编写工作的有:青海交通职业技术学院韩风(编写学习情境一、三),青海交通职业技术学院铁争鸣、青海祥瑞通汽车贸易有限公司资深服务顾问张万军(编写学习情境二),青海交通职业技术学院马文斌(编写学习情境四)、青海交通职业技术学院王瑛(编写学习情境五),青海交通职业技术学院蔡月萍、青海嘉豪晟雷克萨斯汽车销售服务有限公司服务经理刘世珍(编写学习情境六)。

由于作者水平和经验有限,书中难免存在不足或疏漏之处,恳请广大读者提出宝贵意见,以便进一步修改和完善。

青海交通职业技术学院
汽车工程学院教学指导委员会
2022 年 5 月

目录

学习情境一 | 预约服务 1
　一、预约服务流程辅助表单 1
　二、预约服务流程主要表单 7

学习情境二 | 接车准备服务 42
　一、接车准备服务流程辅助表单 42
　二、接车准备服务流程主要表单 48

学习情境三 | 接车/制单服务 68
　一、接车/制单服务流程辅助表单 68
　二、接车/制单服务流程主要表单 74

学习情境四 | 维修服务 104
　一、维修服务流程辅助表单 104
　二、维修服务流程主要表单 111

学习情境五 | 质检/结算服务 132
　一、质检/结算服务流程辅助表单 132
　二、质检/结算服务流程主要表单 138

学习情境六 | 跟踪服务 168
　一、跟踪服务流程辅助表单 168
　二、跟踪服务流程主要表单 174

参考文献 198

学习情境一 预约服务

一、预约服务流程辅助表单

1. 学习性工作任务单

学习情境一	预约服务				
学时	8				
典型工作过程描述	服务礼仪——预约话术——预约前准备——预约中——预约后				
学习目标	（一）服务礼仪的学习目标 1. 了解仪容仪表礼仪的重要性； 2. 掌握仪容修饰的基本要领； 3. 掌握正确的职业着装规范； 4. 掌握微笑、坐姿、自我介绍和打电话礼仪的规范。 （二）预约话术的学习目标 1. 了解预约话术的重要性； 2. 掌握面对不同类型的客户应采用不同的预约话术。 （三）预约前准备的学习目标 1. 了解预约服务的定义、分类、方式及好处； 2. 掌握预约前应做的准备工作。 （四）预约中的学习目标 1. 了解预约中服务环节的客户需求； 2. 掌握预约中服务环节的工作内容； 3. 了解预约中服务环节的注意事项。 （五）预约后的学习目标 1. 整理客户管理系统中客户的信息，并填写预约登记表； 2. 向客户发送预约信息短信； 3. 整理预约工具				
任务描述	学生分析客户需求后扮演客服专员，用标准的礼仪和话术给客户打电话，完成预约服务工作任务				
学时	资讯	计划	决策	实施	检查	评价
	2.8	0.5	0.5	3.2	0.5	0.5

续上表

对学生的要求	1.能够用规范的仪容和职业着装修饰自己,提升审美素养,弘扬中华美育精神; 2.能够用规范的微笑、坐姿、自我介绍、打电话礼仪等与客户交流; 3.能够根据客户需求,用标准话术给客户打电话,完成预约服务流程; 4.能够正确填写预约登记表; 5.整理预约工具、资料,培养7S规范工作习惯,养成认真负责的工作态度和严谨的工作作风; 6.在训练过程中应具备团队协作的意识和爱岗敬业的工匠精神、职业精神
参考资料	《汽车维修业务接待》配套微课

2. 材料工具清单

学习情境一	预约服务				
学时	8				
典型工作过程描述	服务礼仪——预约话术——预约前准备——预约中——预约后				
序号	名称	数量	型号	使用量	使用者
1	电话	3部			
2	计算机(客户管理系统)	3台			
3	预约话术	3份			
4	预约登记表	3份			
5	零备件报价单	3份			
6	纸、笔	3套			
班级		第 组	组长签字		
教师签字		日期			

3. 教学实施计划单

学习情境一	预约服务					
学时	8					
典型工作过程描述	服务礼仪——预约话术——预约前准备——预约中——预约后					
序号	工作与学习步骤	学时	使用工具	地点	方式	备注
1	服务礼仪	2.2	—	商务实训室	实操	
2	预约话术	1	预约话术表	商务实训室	实操	
3	预约前准备工作	1.3	电话、计算机(客户管理系统)、零备件报价单、预约话术、纸、笔	商务实训室	实操	

续上表

序号	工作与学习步骤	学时	使用工具	地点	方式	备注
4	预约中	2.6	电话、计算机(客户管理系统)、零备件报价单、预约话术、纸、笔	商务实训室	实操	
5	预约后	0.9	计算机(客户管理系统)、纸、笔	商务实训室	实操	
班级		教师签字		日期		

4. 教学引导文设计单

学习情境一	预约服务 参照系:服务对象					
典型工作过程	普适性工作过程					
	资讯	计划	决策	实施	检查	评价
服务礼仪	1.学习得体地修饰自己的仪容; 2.学习正确的职业着装规范; 3.学习标准的微笑、坐姿和打电话礼仪	1.了解仪容仪表礼仪的重要性; 2.掌握仪容修饰的基本要领; 3.学会正确的职业着装规范; 4.掌握微笑、坐姿和打电话礼仪规范	对比计划可行性、经济性、可操作性,确定方案	1.了解仪容仪表礼仪的重要性; 2.掌握仪容修饰的基本要领; 3.学会正确的职业着装规范; 4.掌握微笑、坐姿和打电话礼仪规范	1.仪容仪表是否符合要求; 2.着装是否规范; 3.微笑、坐姿和打电话礼仪是否标准	1.作业流程是否完整; 2.作业流程是否规范; 3.是否做到7S管理
预约话术	学习标准话术	1.了解预约话术的重要性; 2.掌握面对不同类型的客户应采用不同的预约话术	对比计划可行性、经济性、可操作性和实施难度	1.了解预约话术的重要性; 2.掌握面对不同类型的客户应采用什么预约话术	是否能根据不同类型的客户采用不同的话术	

续上表

典型工作过程	普适性工作过程					
	资讯	计划	决策	实施	检查	评价
预约前准备	1. 学习主动预约服务的理论知识；2. 学习主动预约前应做的准备工作	1. 了解预约服务的定义、方式及好处；2. 掌握主动预约前应做的准备工作	对比计划可行性、经济性、可操作性和实施难度	1. 了解预约服务的定义、方式及好处；2. 掌握主动预约前应做的准备工作	1. 是否掌握预约服务的理论知识；2. 是否做好主动预约前的准备工作	1. 作业流程是否完整；2. 作业流程是否规范；3. 是否做到7S管理
预约中	1. 学习主动预约服务环节的客户需求；2. 学习主动预约服务的工作流程；3. 学习主动预约服务的注意事项	1. 了解主动预约服务环节的客户需求；2. 掌握主动预约服务的工作流程；3. 了解预约服务的注意事项	对比计划可行性、经济性、可操作性和实施难度	1. 了解主动预约服务环节的客户需求；2. 掌握主动预约服务的工作流程；3. 了解预约服务的注意事项	1. 是否根据主动预约服务环节的客户需求准备相应的表格和资料；2. 是否根据标准流程提供预约服务；3. 与客户交流时，是否注意有关事项	
预约后	1. 学习客户管理系统的操作；2. 学习正确填写预约登记表	1. 整理客户管理系统中客户的信息；2. 填写预约登记表；3. 向客户发送预约信息短信；4. 整理预约工具	对比计划可行性、经济性、可操作性和实施难度	1. 整理客户管理系统中客户的信息；2. 填写预约登记表；3. 向客户发送预约信息短信；4. 整理预约工具	1. 是否正确操作客户管理系统；2. 是否按要求填写预约登记表；3. 及时向客户发送预约信息短信	

5. 分组单

学习情境一	预约服务					
学时	8					
典型工作过程描述	服务礼仪——预约话术——预约前准备——预约中——预约后					
分组情况	组别	组长	组员			
	1					
	2					
	3					
	4					
	5					
	6					
分组说明	根据学生总人数将6名同学分为一大组，两名同学分为一小组。本实训环节需要两名同学互相配合完成实训任务，一名同学负责扮演客服专员，另一名同学负责扮演客户。各组组长负责组员分工，并与教师沟通，完成学生自评任务					
班级		教师签字			日期	

6. 教学反馈单

学习情境一	预约服务		
学时	8		
典型工作过程描述	服务礼仪——预约话术——预约前准备——预约中——预约后		
调查项目	序号	调查内容	理由描述
	1	主动预约过程中客服专员仪容、仪表、着装是否规范，是否用标准的微笑、坐姿和打电话礼仪与客户交流	
	2	主动预约前的准备工作是否完整	
	3	主动预约过程中的内容是否全面	
	4	主动预约后的确认工作是否完整	
你对本次课程教学的改进意见是：			
被调查人信息		调查日期	

7. 成绩报告单

预约服务流程学习情景(汽车维修业务接待)成绩报告单														
学习情境一	预约服务													
学时	8													
序号	姓名	服务礼仪				预约话术				预约流程				总评
		自评 6%	互评 9%	教师评 15%	合计 30%	自评 6%	互评 9%	教师评 15%	合计 30%	自评 8%	互评 12%	教师评 20%	合计 40%	100分
班级					教师签字					日期				

8. 思政元素表

学习情境一	预约服务
典型工作案例描述	客服专员王丽即将开始一天的工作,她今天的任务是为20位客户预约下周到店进行车辆修护作业。她应该如何开展工作
案例点评	预约服务流程中,客服专员要完成预约前准备、预约中和预约后三个服务环节。这些环节中,学生在预约前应掌握哪些礼仪知识、准备哪些预约工具,在预约中应该与客户采用哪些话术交流,预约后应该完成哪些工作
思政要点	要高质量地完成这些环节的工作,首先要使学生注重个人仪容、仪表,能够用规范的仪容和职业的着装修饰自己,从而提升学生的审美素养,弘扬中华美育精神;其次学生要在情景演练过程要具备严谨的工作作风,能够根据客户需求,使用标准话术给客户打电话,完成预约服务流程;最后在演练过程中,学生们要做到认真倾听、考虑客户的要求,树立全心全意为客户服务的服务意识以及热爱人民、热爱祖国的意识
参考资料	《汽车维修业务接待》配套微课,《思想道德修养与法治》

二、预约服务流程主要表单

（一）服务礼仪

1. 服务礼仪的资讯单

学习情境一	预约服务
学时	0.8
典型工作过程描述	服务礼仪
搜集资讯的方式	线下书籍及线上资源相结合
资讯描述	一、礼仪的定义、分类 礼仪是人类维系社会正常生活而要求人们共同遵守的最起码的道德规范。对个人来说，礼仪是思想道德水平、文明文化修养交际能力的外在表现；对社会来说，礼仪是一个国家社会文明程度、道德风尚和生活习惯的反映。礼仪是我们中华民族的传统美德，我国素有"礼仪之邦"的美誉，自古以来，中华民族一直将礼仪放在相当重要的位置，学习礼仪可以增强我们中华民族的归属感，对中华文明的认同感，对伟大祖国的自豪感。 礼仪是人们生活和社会交往中约定俗成的。人们可以根据各式各样的礼仪规范，正确把握与外界的人际交往尺度，合理地处理好人与人的关系。没有这些礼仪规范，往往会使人们在交往中感到手足无措，乃至失礼于人，闹出笑话，所以，熟悉和掌握礼仪，就可以做到触类旁通，待人接物恰到好处。礼仪是塑造形象的重要手段。在社会活动中，交谈讲究礼仪，可以变得文明；举止讲究礼仪，可以变得高雅；穿着讲究礼仪，可以变得大方；行为讲究礼仪，可以变得美好……只要讲究礼仪，事情就会做得恰到好处。 对于维修接待员而言，学习礼仪不仅可以培养我们专业、可信、优雅的形象，自信自然、不卑不亢的工作态度，而且还可以使我们懂得如何尊重、理解别人，懂得如何展示自身魅力，获得客户的认可，在客户心目中建立良好的第一印象。 二、预约服务流程需要掌握的礼仪 （一）个人礼仪 1. 仪容 仪容指一个人的容貌，包括五官的搭配和适当的发型衬托。就个人的整体形象而言，容貌是整个仪容的一个至关重要的环节，它反映着一个人的精神面貌，是传达给接触对象最直接、最生动的第一信息。 规范的仪容礼仪包括以下内容。 1）面部基本要领 （1）男士面容（图1-1）。 ①礼仪要点：面容整洁；耳毛鼻毛不外露；不留胡须；牙齿清洁、口腔无异味。 ②操作要领：洁面，保持面部滋润；修剪鼻毛、耳毛；每天刮胡须。

续上表

| 资讯描述 | (2)女士面容(图1-2)。
①礼仪要点:面容整洁;淡妆上岗为宜,不能浓妆艳抹;牙齿清洁、口腔无异味;清除汗毛;避免使用气味浓烈的化妆品。
②操作要领:清洁面部;妆容淡雅得体,修饰五官;勤漱口,不吃刺激性食物。

图1-1　男士面容基本要求　　图1-2　女士面容基本要求
2)发式礼仪
(1)男士头发(图1-3)。
①礼仪要点:不彩染、不怪异;无头屑、无气味;前不覆额、侧不遮耳、后不触领。
②操作要领:每月理发两次;每天洗发;头发定型。
(2)女士头发(图1-4)。
①礼仪要点:不彩染、不怪异;无头屑、无气味;不过于个性化;不遮盖面部;刘海切忌遮挡眉眼;以干练利落为佳。
②操作要领:勤洗头发;每天梳头定型;刘海梳起,用发胶固定;碎发定型。

图1-3　男士发式基本要求　　图1-4　女士发式基本要求
3)指甲
(1)男士手部(图1-5)。
①礼仪要点:手部清洁;不留长指甲,指甲的长度不应超过手指指尖,男员工的指甲必须修剪合适。
②操作要领:勤洗手;指甲缝保持干净,不能留有污垢;每周剪一次指甲。 |

续上表

| 资讯描述 | (2) 女士手部(图1-6)。
①礼仪要点:手部清洁;女员工的指甲可以略长,允许超过手指指尖3～5毫米;指甲缝中不能留有污垢,要保持指甲的清洁,不要涂有色的指甲油。
②操作要领:勤洗手;手部保持滋润;指甲清洁,每周修剪一次指甲。

图1-5 男士手部基本要求　　图1-6 女士手部基本要求
4) 鼻子和体毛
鼻毛、体毛不能过长,若过长则必须修整或掩饰。
5) 个人卫生
(1) 身上无异味。
(2) 若喷洒香水,注意香气不可过重。
正确使用香水的位置为离脉搏跳动比较近的地方,如手腕、耳根、颈侧、膝部、踝部等处。如果在衣服上洒香水,应洒在既不会污损衣物,又容易扩散出香味的服装上的某些部位,如内衣、衣领、口袋、裙摆的内侧,以及西装上所用的插袋巾的下端。
(3) 注意口腔卫生。
保持口腔无异味,上班前不吃有异味的食品,吸烟的员工,在吸烟后及时清洁口腔余味,上班前特别注意牙齿上不要挂有食物。
6) 规范的妆容
女员工妆容不宜过浓。
2. 仪表
1) 女士着装
(1) 整洁平整。
服装并非一定要高档华贵,但须保持清洁,并熨烫平整,穿起来就能大方得体,显得精神焕发。整洁并不完全是为了自己,更是尊重他人的需要,是良好仪态的第一要务。
(2) 色彩技巧。
不同色彩会给人不同的感受,如深色或冷色调的服装让人产生视觉上的收缩感,显得庄重严肃;而浅色或暖色调的服装会有扩张感,使人显得轻松活泼。因此,可以根据不同需要进行选择和搭配,如图1-7所示。

图1-7 女士着装基本要求a |

续上表

| 资讯描述 | (3) 配套齐全。
除了主体衣服之外，鞋袜手套等的搭配也要多加考究。如袜子以透明、近似肤色或与服装颜色协调为好；正式、庄重的场合不宜穿凉鞋或靴子，黑色皮鞋是适用最广的，可以和任何服装相配。
(4) 饰物点缀。
巧妙地佩戴饰品能够起到画龙点睛的作用，给女士们增添色彩。但是佩戴的饰品不宜过多，否则会分散对方的注意力。佩戴饰品时，应尽量选择同一色系。佩戴首饰最关键的就是要与你的整体服饰搭配统一起来。
(5) 着装类型。
西服套裙、夹克衫等上衣以及连衣裙或两件套裙这三种类型中，每一种都要考虑其颜色和面料。而西服套裙是女性的标准职业着装，可塑造出良好的职业形象。单排扣上衣可以不系扣，双排扣的则应一直系着（包括内侧的纽扣）。穿单色的套裙能使身材显得瘦高一些。套裙分两种：配套的，其上衣和裙子同色同料；不配套的，其上衣与裙子存在差异。
(6) 颜色的选择。
职业套裙的最佳颜色是黑色、藏青色、灰褐色、灰色和暗红色。精致的方格、印花和条纹也可以接受。买红色、黄色或淡紫色的两件套裙要小心，因为它们的颜色过于抢眼。要根据自己的肤色来选择衣服，如图1-8所示。
(7) 衬衫。
衬衫的颜色可以是多种多样的，只要与套装相匹配就可以了。白色、黄白色和米色与大多数套装都能搭配。丝绸是最好的衬衫面料，但是成本较高。另一种选择就是纯棉，但要保证熨烫平整。
(8) 内衣。
确保内衣合身，身体线条曲线流畅，既要穿得合适，又要注意内衣颜色不要外泄。
(9) 围巾。
选择围巾时要注意颜色中应包含有套裙颜色。围巾选择丝绸质地的为好。
(10) 丝袜和鞋。
女士穿裙子应当配长筒丝袜或连裤袜，颜色以肉色、黑色最为常用，肉色长筒丝袜配长裙、旗袍最为得体。女士丝袜一定要大小相宜，太大时就会往下掉，或者显得一高一低。尤其要注意，女士不能在公众场合整理自己的长筒袜，而且袜口不能露在裙摆外边。不要穿带图案的袜子，因为它们会惹人注意腿部。应准备一双备用的丝袜，以防丝袜拉丝或跳丝。
传统的皮鞋是最畅销的职业用鞋。如图1-9所示， | 
图1-8 女士着装基本要求 b

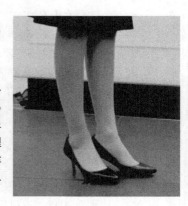
图1-9 女士袜子和鞋搭配基本要求 |

续上表

| 资讯描述 | 它们穿着舒适，美观大方。建议鞋跟高度为三四厘米。正式的场合不要穿凉鞋、后跟用带系住的女鞋或露脚趾的鞋。鞋的颜色应与衣服下摆一致或再深一些。衣服从下摆开始到鞋的颜色一致，可以使大多数人显得高一些。如果鞋是另一种颜色，人们的目光就会被吸引到脚上。推荐中性颜色的鞋，如黑色、藏青色、暗红色、灰色或灰褐色。不要穿红色、粉红色、玫瑰红色和黄色的鞋。即使在夏天，穿白鞋也带有社交而非商务的意义。
2) 男士着装
(1) 衬衫。
与西装配套的衬衫须挺括、整洁、无皱折，尤其是领口。衬衣袖子的长度应以抬手时比西装衣袖长出2厘米左右为宜，领子应略高于西服领，下摆要塞进西裤。如不系领带，可不扣领口的扣子。
(2) 领带。
领带必须打在硬领衬衫上，要与衬衫、西服和谐，其长度以到皮带扣处为宜。若内穿毛衣或毛背心等，领带必须置于毛衣或背心内，且西服下端不能露出领带头。领带夹是用来固定领带的，其位置不能太靠上，以衬衫的第4粒纽扣处为宜，如图1-10所示。
(3) 西装的纽扣。
西装有单排扣和双排扣之分。双排扣西装，一般要求将扣子全部扣好；单排扣西装，若是三粒扣子的只系中间一粒，两粒扣子的只系上面的一粒，或者全部不扣。
(4) 西装整洁。
西装要干净、平整，裤子要熨出裤线。
(5) 搭配皮鞋。
穿西装一定要穿皮鞋，且要上油擦亮，如图1-11所示。皮鞋的颜色要与西装相配套。穿皮鞋时还要配上合适的袜子，使它在西装与皮鞋之间起到一种过渡作用。

图1-10 男士着装基本要求　　图1-11 男士搭配皮鞋基本要求

(二) 接待礼仪
1. 微笑礼仪
微笑礼仪是人际关系、人际交往中最简单、最积极、最乐于被人接受的一种方式，它能给人以友善、热情、谦和、亲切、关怀、愉快和温暖的感受。微笑礼仪是服务行业成功的要素之一。
服务行业的微笑礼仪称作职业微笑，只要面对顾客就会自然流露出一种微笑。这样的微笑，具备职业精神的人才能做到。 |

续上表

| 资讯描述 | 微笑是人本身美好形象的最佳体现,也是博得顾客好感、拉近与顾客之间关系的最佳方式。成功发挥微笑的魅力,能使我们在工作中取得更多的成绩。接待顾客时流露出自然的笑意,用真诚流露的笑意与顾客沟通,就会拉近我们与客户之间的距离,同时也提高客户对企业的满意度。
标准微笑的要求是"三米八/六齿":别人在离你三米远的时就可以看到你标准迷人的微笑;面容和祥,嘴角微微上翘,露出上齿的八/六颗牙齿(注意要保持牙齿的干净,以表示尊重,如图1-12、图1-13所示)。
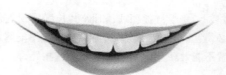 
图1-12 微笑基本要求a　　图1-13 微笑基本要求b
(1)嘴唇:展露笑容时,嘴唇咧开、嘴角上翘。嘴唇咧开后宽度应达到脸部的1/2,嘴唇应以脸部中间线为基准对称。
(2)牙齿:应该整齐、洁净,且没有明显修补痕迹。让大部分上排牙齿外露,而最好把下排牙齿隐藏在唇内。
(3)牙龈:尽量少露出,如果露出牙龈,应在两毫米以内。
(4)五官:自然调动人的五官,眼睛略眯、眉毛上扬、鼻翼张开、脸肌收拢。
2. 坐姿
1)男士基本坐姿要求
身体重心应该垂直向下,腰部挺直,两腿略分开,与肩膀同宽,看起来不至于太过拘束(图1-14)。
坐在沙发上时,姿势应端正,态度安详,整个身体不要往内靠。
头部要保持平稳,目光平视前方,神态从容自如,脸上保持轻松和缓的笑容。
双肩平正放松,两臂自然弯曲放在腿上,亦可放在椅子或是沙发扶手上,以自然得体为宜,掌心向下。

图1-14 男士坐姿基本要求
两膝间可分开一拳左右的距离,脚态可取小八字步或稍分开以显自然洒脱之美,但不可尽情打开腿脚,那样会显得粗俗和傲慢。如长时间端坐,可双腿交叉重叠,但要注意将上面的腿向回收,脚尖向下。
两脚应尽量平放在地,大腿与小腿成直角,双手以半握拳的方式放在腿上,或是椅子的扶手上。
如果是侧坐,应该上半身与腿同时转向一侧,面部仍是正对正前方,双肩保持平衡。 |

资讯描述	坐在椅子上,应至少坐满椅子的2/3,宽座沙发则至少坐1/2。落座后至少十分钟左右时间不要靠椅背。时间久了,可轻靠椅背。 谈话时应根据交谈者方位,将上体双膝侧转向交谈者,上身仍保持挺直,不要出现自卑、恭维、讨好的姿态。 离座时要自然稳当,右脚向后收半步,而后站起。 2)女士坐姿基本要求 (1)上体自然坐直,立腰,双肩平正放松(图1-15)。 (2)两臂自然弯曲放在膝上,也可以放在椅子或沙发的扶手上,掌心向下。 (3)双膝自然并拢,双脚平落在地上。 (4)坐在椅子上,至少应坐满椅子的2/3,脊背轻靠椅背。 (5)端坐时间过长时可换一下姿势:将两腿并拢,两脚同时向左或向右放,两手叠放,置于左腿或右腿上形成优美的"S"形,也可以两腿交叉重叠,但要注意将上面的小腿回收,脚尖向下。 图1-15 女士坐姿基本要求 (6)坐姿的选择还要根据椅子的高低以及有无扶手和靠背,两手、两腿、两脚还可有多种摆法,但两腿叉开,或成四字形的叠腿方式是很不合适的。 (7)起立时,右脚向后收半步,而后站立。 3.电话礼仪 1)电话礼仪的重要性 电话礼仪不仅反映了接听者的情绪、文化修养和礼貌礼节,同时也反映了整个企业的形象以及企业产品和服务的形象。 (1)电话礼仪会影响到企业与客户之间生意的达成。 (2)电话礼仪会影响到企业的形象。 (3)电话礼仪会影响到企业员工之间的关系与团队关系。 (4)电话礼仪会影响到客户与员工之间的关系。 2)电话礼仪三要素 (1)打电话的时间和空间。 (2)通话的态度(语言、表情、动作、语调)。 (3)通话内容。 3)打电话礼仪的规范 (1)要有准备,如纸笔、报价单、话术及客户基本信息。 (2)注意打电话的时间。 (3)打电话前要检查通信工具是否工作正常。 (4)通话过程中要用微笑的语调,声音清晰,有礼貌。 (5)在客户接通电话时,要及时进行自我介绍,并直截了当地告知客户本次打电话的目的。如:您好,我是×××4S店经销店客服专员×××,请问您是车牌号为×××的车

续上表

资讯描述	主张先生吗？本次打电话的目的是×××。 （6）在电话中不能急于承诺事情或是做决定。 （7）打电话的同时在纸上做记录。 （8）通话过程中如果有其他电话打入，要经客户同意才能接听其他电话。 4. 自我介绍礼仪 1）自我介绍的基本程序 在接待客户的过程中，自我介绍是最常见、最重要的礼节之一。 自我介绍是把自己介绍给其他人，以使对方认识自己。自我介绍的基本程序是：先向对方点头致意，得到回应后再向对方介绍自己的姓名、身份和单位，同时递上事先准备好的名片。自我介绍总的原则是简明扼要，一般以半分钟为宜，情况特殊也不宜超过3分钟。 2）需要做自我介绍的情况 （1）社交场合中遇到你希望结识的人，又找不到适当的人介绍。这时自我介绍应谦逊、简明，把对对方的敬慕之情真诚地表达出来。 （2）电话约某人，而又从未与这个人见过面。这时要向对方介绍自己的基本情况，还要简略谈一下约见对方的事由。 （3）演讲、发言前。这时面对听众做自我介绍，最好既简明扼要，又要有特色，利用"首因效应"，给听众一个良好的第一印象。 （4）求职应聘或参加竞选。这时更需要自我介绍，而且自我介绍的形式可能不止一种。既要有书面介绍材料（个人简历），还要有口头的材料，或详或简，或严肃庄重，或风趣幽默诙谐。这会直接影响求职或竞选者能否成功。 3）自我介绍时应注意的问题 （1）镇定而充满自信，清晰地报出自己的姓名（这是必须的），并善于使用体态语言，表达自己的友善、关怀、诚意和愿望，以此体现自信。如果自我介绍模糊不清，含糊其词，流露出羞怯自卑的心理，会使人感到你不能把握自己，因而也会影响彼此间的进一步沟通。 （2）根据不同交往的目的，注意介绍的繁简。自我介绍一般包括姓名、籍贯、职业、职务、工作单位或住址、毕业学校、经历、特长或兴趣等。自我介绍时应根据实际需要来决定介绍的繁简，不一定把上述内容逐一说出。在长者或尊者面前，语气应谦恭；在平辈和同事面前，语气应明快，直截了当。 （3）自我评价要掌握分寸。自我评价一般不宜用"很""第一"等表示极端赞颂的词，也不必有意贬低，关键在于掌握分寸。自我介绍时，表情要自然、亲切，注视对方，举止庄重、大方，态度镇定而充满信心，表现出渴望认识对方的热情
对学生的要求	1. 能够用规范的仪容和职业着装修饰自己，提升审美素养，弘扬中华美育精神； 2. 能够用规范的微笑、坐姿、自我介绍、打电话等礼仪与客户交流； 3. 注重个人仪容仪表； 4. 整理预约工具、资料，培养6S规范工作习惯，养成认真负责的工作态度和严谨的工作作风； 5. 在训练过程中应具备团队协作的意识和爱岗敬业的工匠精神、职业精神
参考资料	《汽车维修业务接待》配套微课

2. 服务礼仪的计划单

学习情境一	预约服务			
学时	0.1			
典型工作过程描述	服务礼仪			
计划制订的方式	小组讨论			
序号	工作步骤			注意事项
1	了解仪容仪表礼仪的重要性			概括全面
2	掌握仪容修饰的基本要领			描述清楚
3	学会正确的职业着装规范			
4	掌握微笑、坐姿和打电话礼仪规范			
计划评价	班级		第　组	组长签字
	教师签字		日期	
	评语：			

3. 服务礼仪的决策单

学习情境一	预约服务			
学时	0.1			
典型工作过程描述	服务礼仪			
	计划对比			
序号	可行性	经济性	可操作性	实施难度	综合评价
1					
2					
3					
4					
决策评价	班级		第　组	组长签字	
	教师签字		日期		
	评语：				

4. 服务礼仪的实施单

学习情境一	预约服务流程（维修车辆预约服务流程—主动预约）	
学时	1	
典型工作过程描述	服务礼仪	
序号	实施步骤	注意事项
1	服务礼仪学习的目的	概括全面
2	学生仪容、仪表礼仪训练	
3	学生微笑礼仪训练	要求动作符合规范
4	学生坐姿礼仪训练	
5	学生打电话礼仪训练	
实施说明		
实施评价	班级： 第 组 组长签字： 教师签字： 日期： 评语：	

5. 服务礼仪的检查单

学习情境一	预约服务			
学时	0.1			
典型工作过程描述	服务礼仪			
序号	检查项目	检查标准	学生自查	教师检查
1	仪容、仪表礼仪	是否按要求修饰自己的仪容、仪表		
2	微笑礼仪训练	是否按礼仪规范演示		
3	坐姿礼仪训练			
4	打电话礼仪训练			
检查评价	班级		第 组	组长签字	
	教师签字		日期		
	评语：				

6. 服务礼仪的评价单

学习情境一	预约服务			
学时	0.1			
典型工作过程描述	服务礼仪			
评价项目	评价子项目	学生自评	组内评价	教师评价
仪容仪表礼仪	干净、整洁			
微笑礼仪	动作规范			
坐姿礼仪				
打电话礼仪				
评价等级（不及格、及格、良好、优秀）				
综合评价	班级		第 组	组长签字	
	教师签字		日期		
	评语：				

（二）预约话术

1. 预约话术的资讯单

学习情境一	预约服务
学时	0.1
典型工作过程描述	预约话术
搜集资讯的方式	线下书籍及线上资源相结合
资讯描述	1.预约话术的重要性 　　为了使客服专员在与不同类型的客户交流过程中言语富有条理性、逻辑性，防止语无伦次、前后重复，让客户感觉啰嗦或产生反感，企业根据多年工作经验总结了客户预约话术。 　　话术是对谈话主题的前期演练，以此预防沟通不畅，用话术与客户交流起到有备无患的作用。在收集话术的过程中，我们知道我们与客户谈话的中心是什么，所有的沟通都是为给客户进行某一项服务为最终目的。 　　"我是谁""为什么给客户打电话""我能够帮你做什么事情"是话术中必备的三要素。 　　话术最重要的三个功能是拉近关系、产生持续信任、创造高消费力社群。 2.预约话术 　　客服专员与不同类型客户交流时所用的话术也不同。 　　(1)新车首次维修类车辆客户。"××女士/先生，感谢您选择我们××(公司名称)××(车型)！请问您的车行驶了多少公里了？做过首次维护吗？" 　　(2)维护到期客户。"××女士/先生，您的爱车上次在(时间)或(公里数)在我们店做的(系统记录项目)维护，请问您的爱车行驶了多少公里了？" 　　(3)休眠客户。"××女士/先生，根据系统记录，距您上次来店维护已经有六个月的时间了，请问您的爱车现在行驶了多少公里了？" 　　(4)流失客户。"××女士/先生，根据系统记录，距您上次来店维护已经有一年的时间了，请问您的爱车现在行驶了多少公里了？" 　　(5)服务行动客户。"××女士/先生，我们这次来电是想通知您……(企业下发的服务行动内容)" 　　(6)特定维修项目客户。"××女士/先生，您上次预定的(备件名称)已到货，请尽快来店更换，请问您哪天方便来店？" 　　(7)对建议维修客户。"××女士/先生，我们这次来电是想提醒您，您上次来店(建议维修项目)没有进行，考虑到此项目涉及车辆性能和行车安全，我们建议您及时来店进行(建议维修项目)，请问您哪天方便来店？" 　　(8)定期维护。"××女士/先生，我们建议您的爱车下次在(建议维护时间)或(建议维护里程)来我店做定期维护，请您不要错过维护周期。如有需要，请随时拨打预约电话 0971-64532××。"

续上表

对学生的要求	1. 注重个人仪容仪表，能够用规范的仪容和职业的着装修饰自己，提升审美素养，弘扬中华美育精神； 2. 能够根据客户需求，用标准话术给客户打电话，完成预约服务流程； 3. 养成学生认真负责的工作态度和严谨的工作作风； 4. 整理预约工具、资料，培养7S规范工作习惯； 5. 在训练过程中应具备团队协作的意识和爱岗敬业的工匠精神、职业精神
参考资料	《汽车维修业务接待》配套微课

2. 预约话术的计划单

学习情境一	预约服务			
学时	0.1			
典型工作过程描述	预约话术			
计划制订的方式	小组讨论			
序号	工作步骤			注意事项
1	学习预约话术的重要性			
2	学习预约话术的内容			对比不同类型客户的话术
计划评价	班级		第 组	组长签字	
	教师签字		日期		
	评语：				

3. 预约话术的决策单

学习情境一	预约服务				
学时	0.1				
典型工作过程描述	预约话术				
计划对比					
序号	可行性	经济性	可操作性	实施难度	综合评价
1					
2					
3					
4					
决策评价	班级		第 组	组长签字	
	教师签字		日期		
	评语：				

4. 预约话术的实施单

学习情境一	预约服务	
学时	0.5	
典型工作过程描述	预约话术	
序号	实施步骤	注意事项
1	搜集学习预约话术的重要性	
2	面对不同类型的客户，编写相应的预约话术	
实施说明		
实施评价	班级	第 组	组长签字	
	教师签字		日期	
	评语：			

5. 预约话术的检查单

学习情境一	预约服务			
学时	0.1			
典型工作过程描述	预约话术			
序号	检查项目	检查标准	学生自查	教师检查
1	搜集学习预约话术的重要性	描述是否准确		
2	学习预约话术的内容	描述是否准确		
检查评价	班级		第　　组	组长签字
	教师签字		日期	
	评语：			

6. 预约话术的评价单

学习情境一	预约服务			
学时	0.1			
典型工作过程描述	预约话术			
评价项目	评价子项目	学生自评	组内评价	教师评价
作业流程完整性	作业流程是否完整			
作业流程规范性	作业流程是否规范			
7S 管理	是否做到 7S 管理			
评价等级（不及格、及格、良好、优秀）				
综合评价	班级		第　　组	组长签字
	教师签字		日期	
	评语：			

(三)预约前准备

1. 预约前准备的资讯单

学习情境一	预约服务
学时	0.8
典型工作过程描述	预约前准备
搜集资讯的方式	线下书籍及线上资源相结合
资讯描述	1.预约服务的定义 预约服务是指与客户预先沟通,了解服务需要,确定服务内容,最终达成服务约定的过程,其过程包括预约服务前的准备、客户沟通及确认预约服务等工作。 2.预约服务的方式及分类 预约服务可以通过电话、短信、网站、邮件、即时通信软件和当面预约完成(图1-16),通常主要通过电话预约完成。预约分经销商主动预约(主动预约)和用户主动预约(被动预约)两种形式。  图1-16 预约的方式 主动预约服务:指服务顾问通过提醒服务系统及用户档案,主动提醒客户来店进行的预约服务。 被动预约服务:指客户自主联系或服务顾问引导用户主动与经销商进行的预约服务。 3.预约服务的好处 (1)客户可以根据预约服务的时间来安排自己的日程,并能够选择服务顾问,享受预约安排的工位、快捷接待通道,减少等待时间,提升客户满意度。 (2)经销商可以有效地调整日常服务顾问的波动,削峰填谷,合理配置人力资源和物力资源,提高服务效率和质量。 (3)通过预约服务可以提升品牌形象,创造客户忠诚度。预约是保证多方共赢的必要安排。 4.预约服务中的注意事项 (1)要有一定的硬件支持,如预约登记表、预约计划表、车间生产能力安排计划表(最好使用计算机,或者在网站上发布可供预约的时间表)。

续上表

资讯描述	(2)如电话预约时,要有足够的电话容量,以免客户电话联系时总是占线。 (3)分别提前一天和提前一小时与客户电话联系,以确定是否能如约维修,如果客户不能来,应马上取消这次预约并及时通知相关部门,另外应该及时联络其他待修客户寻求替代的可能性。 (4)一定要努力兑现对预约客户的所有承诺,否则将会影响以后预约工作的开展和企业信誉。 (5)客户无故超过预约时间30分钟还没到的可以取消预约。 (6)如果因企业原因不能执行预约的,应提前通知客户、说明原因、致以歉意,并重新预约。 (7)为提高预约服务的计划性和有效性,要对预约服务的比例及预约服务的执行情况,进行分析,总结经验,不断改进。 5. 预约服务流程步骤 预约服务流程是指预约服务工作过程的活动流向顺序。其组织系统中各项工作之间的逻辑关系是一种动态关系。预约服务流程分为预约前准备、预约中和预约后三个步骤。 6. 预约前应做准备工作 预约是客服专员服务日常工作的重要组成,客服专员每天的工作是从预约前的准备开始。在预约前准备过程中客服专员要完成以下工作。 (1)确定可预约的时间及台次。 客服专员根据汽车4S店人员、工位、备件及工具的情况,以及历史进厂台次,确定可预约的时间及台次,开展预约工作。 (2)筛选目标客户,查询联系电话。 客服专员在客户管理系统中寻找当天需要预约的目标客户,并在系统中核查客户希望联系的电话和时间。 (3)准备预约资料及工具。 客服专员根据目标客户的不同类别,准备好相应的预约话术、表格如《基本维护套餐价格表》、工具(纸、笔、电话)及微笑。 客服人员拨打电话前先检查电话线路是否畅通,再准备拨打客户电话 客服专员
对学生的要求	1. 了解预约服务的定义、方式及好处; 2. 掌握预约前应做哪些准备工作; 3. 能够用规范的仪容和职业的着装修饰自己,提升审美素养,弘扬中华美育精神; 4. 整理预约工具、资料,培养7S规范工作习惯,养成学生认真负责的工作态度和严谨的工作作风; 5. 在训练过程中应具备团队协作的意识和爱岗敬业的工匠精神、职业精神
参考资料	《汽车维修业务接待》配套微课

2. 预约前准备的计划单

学习情境一	预约服务				
学时	0.1				
典型工作过程描述	预约前准备				
计划制订的方式	小组讨论				
序号	工作步骤				注意事项
1	预约服务的理论知识				
2	预约前应做哪些准备工作				
计划评价	班级		第 组	组长签字	
	教师签字		日期		
	评语：				

3. 预约前准备的决策单

学习情境一	预约服务				
学时	0.1				
典型工作过程描述	预约前准备				
	计划对比				
序号	可行性	经济性	可操作性	实施难度	综合评价
1					
2					
3					
4					
决策评价	班级		第 组	组长签字	
	教师签字		日期		
	评语：				

4. 预约前准备的实施单

学习情境一	预约服务		
学时	0.1		
典型工作过程描述	预约前准备		
序号	实施步骤		注意事项
1	预约服务的定义		
2	预约服务的方式		
3	预约服务的好处		
4	预约服务中的注意事项		
5	预约服务流程		
6	预约前应做哪些准备工作		
实施说明			
实施评价	班级	第 组	组长签字
	教师签字	日期	
	评语：		

5. 预约前准备的检查单

学习情境一	预约服务		
学时	0.1		
典型工作过程描述	预约前准备		
序号	检查项目	检查标准	学生自查	教师检查
1	理论知识掌握是否全面	前面掌握理论知识		
2	是否掌握预约前应做哪些准备工作	预约前的准备工作是否完整、规范		
检查评价	班级		第 组	组长签字
	教师签字		日期	
	评语：			

6. 预约前准备的评价单

学习情境一	预约服务			
学时	0.1			
典型工作过程描述	预约前准备			
评价项目	评价子项目	学生自评	组内评价	教师评价
作业流程完整性	作业流程是否完整			
作业流程规范性	作业流程是否规范			
评价等级(不及格、及格、良好、优秀)				
综合评价	班级		第 组	组长签字
	教师签字		日期	
	评语:			

（四）预约中

1. 预约中的资讯单

学习情境一	预约服务
学时	1
典型工作过程描述	预约中
搜集资讯的方式	线下书籍及线上资源相结合
资讯描述	1. 预约过程中客户的需求 (1)希望企业有员工提醒自己不要错过自己车辆的维护周期； (2)希望企业有员工帮自己确定好预约时间； (3)希望企业有员工告诉你自己本次车辆的维护和维修时间和维修费用； (4)希望自己到店的时候企业有熟悉服务顾问接待,并且有预留的工位。 2. 预约中服务流程的内容 (1)询问用户及车辆基础信息(核对老用户数据、登记新用户数据)； (2)询问行驶里程； (3)询问上次维修时间及是否是重复维修； (4)确认用户的需求、提供报价(既准确又留有余地)及所用时间(留有余地)； (5)如果店内有特色服务项目,应为客户介绍,并询问客户是否需要这些项目； (6)确定客户联系电话；

预约中

续上表

资讯描述		(7)确定服务顾问的姓名; (8)确定联系方式; (9)询问是否需要代步工具; (10)提醒客户带相关的资料(随车文件、防盗器密码、维修记录等); (11)确认与客户达成的预约内容; (12)致谢、告别。 3. 预约中注意事项 (1)接听电话预约时,应仔细倾听预约客户的要求,并做好记录。 (2)接听电话预约时,如果无法回答客户的问题或顾虑时,应亲自联络其他人员协助,如果一时不能解答客户的问题,应向客户承诺何时能够给予答复。 (3)预约结束时须向客户表达感谢,欢迎客户光临本服务维修企业。 (4)对预约成功客户,可传递以下言语:"谢谢您的预约,我们恭候您的光临!"或"感谢您对×××(企业名)的支持,祝您用车愉快!"对预约没有成功的客户,应传递以下言语:"非常抱歉,这次未能满足您的需求,您需要的备件到货期,我们第一时间与您联系,欢迎再次预约!" 4. 预约范例 客服专员王丽在整理客户档案时发现张先生购买的大众速腾轿车即将到4万公里的质保期,车辆需要进行保质检测及维护,需要与张先生进行质保预约工作。
	步　　骤	对 话 范 例
	步骤一　自我介绍,确定客户后告知打电话的目的	1)预约服务前的准备 2)预约服务中流程 客服专员:您好,张先生,我是×××经销商客服专员王丽,系统显示您的爱车是在2021年7月在我店进行3万公里的保养,根据质量担保条理的规定,整车质量担保期为两年或四万公里,我现在提醒您,您的爱车将在2022年7月到达质量担保期,接下来的一周里本店将开展针对质保到期车辆的免费检验。请问,您需要预约一个时间来店检测吗? 客户:您好,我的车买了到现在为止虽然两年了,但没有行驶到四万公里,请问需要做质保吗?
	步骤二　回答客户疑问	客服专员:张先生,整车质量担保期为两年或四万公里,哪个先到就以哪个为准,你的爱车购买时间已经超过两年,需要通过做质保来对您爱车的性能进行检验。 客户:感谢你的来电提醒,我决定来做质保。
	步骤三　推荐预约时间	客服专员:张先生,我们给您推荐的时间段是9:30—10:30、14:30—16:30,请问您具体什么时间来呢? 客户:请问今天可以吗?

续上表

	步骤	对话范例
资讯描述	步骤四 告知客户预约的好处	客服专员:张先生,我要跟您说明一下,预约一般都要提前一天,我们公司规定客户如果提前一天进行预约将会享受三优待遇,即优先:优先安排您的时间进行维修保养,不必等候;优待:事先为您过好各种准备,并且可选择您熟悉的服务人员;优惠:工时费享受九折优惠。您要今天来做质保,只能享受工时费九折优惠,您确定要今天来做质保吗?(如果当天客户要过来做维修车辆/维修,在服务接待能力容许下接受客户预约,并提醒客户下次预约要提前一天打电话。并说明:当天我们无法给您的车辆提前安排工位,并做出行相应建议。) 客户:哦,我刚好今天有时间,所以决定今天来。
	步骤五 查询客户当天能否进店,并确定预约时间	客服专员:好的,我帮您查一下今天能不能为您安排质保好吗?(当天预约必须安排在预约时的4小时以后。) 客户:好的。 客服专员:张先生,很抱歉地通知您,由于本周我们车间的工位都已排满,实在无法为您安排车辆保养,请问把您的时间安排到下周可以吗? 客户:是吗,那就下周四吧。 客服专员:张先生,请问把您的时间安排到下周四下午14:30点可以吗? 客户:可以。
	步骤六 询问客户的车辆信息及里程	客服专员:麻烦您说一下您爱车的车牌号码和车型,好吗? 客户:车牌××车型×× 客服专员:张先生,您的车牌是××,车型是××(确定车牌号码及车型)。请问您的爱车行驶里程是多少? 客户:快四万公里。
	步骤七 询问客户是否还有其他需求,若有故障修复询问是否重复维修	客服专员:请问除了做质保以外,您还有需要其他一次性解决处理的问题吗? 客户:最近我的左前照灯不亮了,其他没有了。 客服专员:请问这个故障上次修复过吗? 客户:没有。

续上表

资讯描述	步骤	对话范例
	步骤八 确认用户的需求、提供报价及所用时间	客服专员:张先生,我为您详细地解释一下本次维护的全部内容,您本次进行是四万公里的维护及左前照灯故障检修项目,其中工时费为100元。机油滤清器80元、滤芯50元、带臭味及有害物质滤清器60元、长命火花塞240元,共计530元,耗时2小时。就您爱车本次的故障,我店将会安排专业的技师免费为您免费进行检查,若是因为前照灯本身存在质量缺陷问题所致,我店将会为您进行免费检修,另外,本次故障检修所需要增加的时间和费用需要我们的维修技师仔细检查确认后确定。 客户:知道了,能优惠一点吗? 客服专员:张先生,由于本店近期举办"冬日暖阳"活动,对我店所有的会员到店后可免费进行四万公里以内的维修车辆,请问您是我店的会员吗? 客户:真的吗?我是。
	步骤九 确认联系电话	客服专员:那太好了,您可以享受我店的本次活动。张先生,请问我们还是通过138××××××××这个电话与您联系可以吗? 客户:可以。
	步骤十 确定服务顾问	客服专员:张先生,请问你有熟悉的服务顾问吗? 客户:没有。 客服专员:张先生,我们为您推荐一位我店优秀的服务顾问,他的名字叫马丽,您看可以吗? 客户:可以。
	步骤十一 确定联系方式	客服专员:张先生,到时候您的服务顾问会提前一个小时与您联系,您看是打电话方便还是发短信方便呢? 客户:打电话。
	步骤十二 询问是否需要代步工具	客服专员:张先生,请问您需要代步工具吗? 客户:不需要。
	步骤十三 提醒客户	客服专员:张先生,请您过来的时候一定别忘记带车辆的保养手册、行车证、驾驶证等相关证件。 客户:好的,谢谢提醒。

续上表

	步 骤	对 话 范 例
资讯描述	步骤十四 确认与客户达成的预约内容	客服专员:张先生,我帮您再确认一下。您的××(车牌)车辆预约下周四14:30来我店做四万公里质保和左前照灯故障检修项目。由于您参加本店近期举办"冬日暖阳"活动,我店将对您的爱车进行免费保养,耗时2小时,就您爱车左前照灯不亮的故障,我店将会安排专业的技师免费为您免费进行检查,若是因为前照灯本身存在质量缺陷问题所致,我店将会为您进行免费检修,另外,本次故障检修所需要增加的时间和费用需要我们的维修技师仔细检查确认后确定。接待您的服务顾问是马丽,她会提前与您电话联系。刚才提醒您携带的证件、保养手册、行车证、驾驶证等相关证件别忘带。 客户:好的,谢谢再次提醒。
	步骤十五 致谢、告别	客服专员:张先生,再次感谢您对××××(经销商)的支持,祝您用车愉快! 客户:谢谢。
对学生的要求		1. 了解预约中服务环节的客户需求; 2. 掌握预约中服务的工作内容; 3. 了解预约中服务的注意事项; 4. 整理预约工具、资料,培养7S规范工作习惯,养成学生认真负责的工作态度和严谨的工作作风; 5. 在训练过程中应具备团队协作的意识和爱岗敬业的工匠精神、职业精神
参考资料		《汽车维修业务接待》配套微课

2. 预约中的计划单

学习情境一	预约服务		
学时	0.1		
典型工作过程描述	预约中		
计划制订的方式	小组讨论		
序号	工作步骤		注意事项
1	了解预约中服务环节的客户需求		
2	掌握预约中服务的工作内容		
3	了解预约中服务的注意事项		
计划评价	班级	第 组	组长签字
	教师签字	日期	
	评语:		

3. 预约中的决策单

学习情境一	预约服务				
学时	0.1				
典型工作过程描述	预约中				
	计划对比				
序号	可行性	经济性	可操作性	实施难度	综合评价
1					
2					
3					
4					
决策评价	班级		第　　组	组长签字	
	教师签字		日期		
	评语：				

4. 预约中的实施单

学习情境一	预约服务	
学时	1.2	
典型工作过程描述	预约中	
序号	实施步骤	注意事项
1	预约中服务的工作内容	
2	预约中服务的话术(以维修客户为例) 客服专员王丽在整理客户档案时发现张先生购买的大众迈腾轿车即将到6万公里的质保期，车辆需要进行质保检测及保养，需要与张先生进行质保预约工作。两名学生一组，一名扮演客户专员，进行情景模拟练习。 | 步　骤 | 话 术 范 例 | |---|---| | 步骤一 自我介绍， | 1)预约服务前的准备 2)预约服务中流程 客服专员： 客户： |	

续上表

序号	实施步骤			注意事项
	步 骤	话 术 范 例		
2	步骤二	客服专员：		
		客户：		
	步骤三	客服专员：		
		客户：		
	步骤四	客服专员：		
		客户：		
	步骤五	客服专员：		
		客户：		
		客服专员：		
		客户：		
		客服专员：		
		客户：		
	步骤六	客服专员：		
		客户：		
		客服专员：		
		客户：		

续上表

序号	实施步骤		注意事项
	步骤	话术范例	
2	步骤七	客服专员： 客户： 客服专员： 客户：	
	步骤八	客服专员： 客户： 客服专员： 客户：	
	步骤九	客服专员： 客户：	
	步骤十	客服专员： 客户：	
	步骤十一	客服专员： 客户：	
	步骤十二	客服专员： 客户：	

续上表

序号	实施步骤			注意事项
	步 骤	话 术 范 例		
2	步骤十三	客服专员：		
		客户：		
	步骤十四	客服专员：		
		客户：		
	步骤十五 致谢、告别	客服专员：		
		客户：		

实施说明	

实施评价	班级		第　　组	组长签字	
	教师签字		日期		
	评语：				

5. 预约中的检查单

学习情境一	预约服务			
学时	0.1			
典型工作过程描述	预约中			
序号	检查项目	检查标准	学生自查	教师检查
1	话术内容	是否准确		
2	话术流程	是否完整		
3	电话礼仪是否准确	是否准确		
检查评价	班级		第 组	组长签字
	教师签字		日期	
	评语：			

6. 预约中的评价单

学习情境一	预约服务			
学时	0.1			
典型工作过程描述	预约中			
评价项目	评价子项目	学生自评	组内评价	教师评价
作业流程完整性	作业流程是否完整			
作业流程规范性	作业流程是否规范			
评价等级(不及格、及格、良好、优秀)				
综合评价	班级		第 组	组长签字
	教师签字		日期	
	评语：			

（五）预约后

1. 预约后的资讯单

学习情境一	预约服务				
学时	0.1				
典型工作过程描述	预约后				
搜集资讯的方式	线下书籍及线上资源相结合				
资讯描述	1.预约过程中客户的需求 (1)希望企业有员工提醒自己不要错过自己车辆的维修周期； (2)希望企业有员工帮自己确定好预约时间； (3)希望企业有员工告诉你自己本次车辆的维修时间和维修费用； (4)希望自己到店时企业有熟悉的服务顾问接待,并且有预留的工位。 2.填写预约登记表 整理客户管理系统中的客户信息,并填写预约登记表。 预约单号：				
	服务顾问		主修人		工位	
	客户名称		联系人		联系电话	
	牌照号		底盘号		行驶里程	
	预约接车开始时间				预约接车结束时间	
	预约维修开始时间				预约维修结束时间	
	维修类型	维修□ 保养 □ 返修☑ 遇难故障 □			预约类型	主动□ 被动□
	交通服务	是否需要代步车:是□ 否□			付费方式	
	客户偏好的联系方式	手机□ 座机□ 短信□ 其他□				
	客户故障描述：					
	上次维修建议及未处理的项目：					

续上表

资讯描述	预约维修内容	工时费	所需备件	价格	备件状况
	经销商建议：				
	是否参加服务活动：是□ 否□			是否提前确认： 72小时□ 24小时□ 1小时□	
	预约所需备件是否有库存：是□ 否□				
	客户主动取消预约：是□ 否□			是否准时到店：是□ 否□	
	预约时间是否改变：是□ 否□			客户是否重新预约：是□ 否□	
	客户新预约的时间：是□ 否□			预约时缓是否改变：是□否□	
	公司未能执行预约的原因：				
	3.向客户发送预约信息短信				
	4.整理预约工具				
对学生的要求	1.根据预约内容在客户管理系统中仔细填写客户的信息，并准确、完整填写预约登记表； 2.按时向客户发送预约信息短信； 3.整理预约工具、资料，培养7S规范工作习惯，养成学生认真负责的工作态度和严谨的工作作风； 4.在训练过程中应具备团队协作的意识和爱岗敬业的工匠精神、职业精神				
参考资料	《汽车维修业务接待》配套微课				

37

2. 预约后的计划单

学习情境一	预约服务			
学时	0.1			
典型工作过程描述	预约后			
计划制订的方式	小组讨论			
序号	工作步骤			注意事项
1	整理客户管理系统中客户的信息,并填写预约登记表			
2	向客户发送预约信息短信			
3	整理预约工具			
计划评价	班级		第　组	组长签字
	教师签字		日期	
	评语:			

3. 预约后的决策单

学习情境一	预约服务				
学时	0.1				
典型工作过程描述	预约后				
计划对比					
序号	可行性	经济性	可操作性	实施难度	综合评价
1					
2					
3					
4					
决策评价	班级		第　组		组长签字
	教师签字		日期		
	评语:				

4. 预约后的实施单

学习情境一	预约服务						
学时	0.4						
典型工作过程描述	预约后						
序号	实施步骤						注意事项
1	预约过程中客户的需求：						
2	填写预约登记表 预约单号：						
	服务顾问		主修人		工位		
	客户名称		联系人		联系电话		
	牌照号		底盘号		行驶里程		
	预约接车开始时间				预约接车结束时间		
	预约维修开始时间				预约维修结束时间		
	维修类型				预约类型		
	交通服务				付费方式		
	地址						
	维修项目						
	维修备件						
	维修项目		维修备件		总费用		
	费用合计		费用合计				
	客户故障描述：						
	经销商建议：						
	预约专用工具：						

续上表

序号	实施步骤	注意事项
3	按时给客户发信息	
4	整理预约工具	

实施说明	
实施评价	班级　　　　　　　第　　组　　组长签字 教师签字　　　　　　　日期 评语：

5. 预约后的检查单

学习情境一	预约服务			
学时	0.1			
典型工作过程描述	预约后			
序号	检查项目	检查标准	学生自查	教师检查
1	填写预约登记表	内容是否准确		
2	向客户发信息	是否按时发信息，信息内容是否准确		
3	整理预约工具	7S是否做到位		
检查评价	班级　　　　　　　第　　组　　组长签字 教师签字　　　　　　　日期 评语：			

6. 预约后的评价单

学习情境一	预约服务			
学时	0.1			
典型工作过程描述	预约后			
评价项目	评价子项目	学生自评	组内评价	教师评价
作业流程完整性	作业流程是否完整			
作业流程规范性	作业流程是否规范			
评价等级(不及格、及格、良好、优秀)				
综合评价	班级		第　　组	组长签字
	教师签字		日期	
	评语:			

学习情境二 接车准备服务

一、接车准备服务流程辅助表单

1. 学习性工作任务单

学习情境二	接车准备服务				
学时	4				
典型工作过程描述	准备工作——客户需求分析——72小时提醒——24小时提醒——1小时提醒				
学习目标	(一)准备工作的学习目标 1.了解仪容修饰的基本要领; 2.掌握电话礼仪规范; 3.了解接车准备环节应准备的资料。 (二)客户需求分析的学习目标 1.了解接车准备服务环节的客户需求; 2.针对客户的需求,准备相应的服务。 (三)72小时提醒的学习目标 1.了解72小时提醒的话术; 2.熟悉72小时提醒后应该做的准备工作。 (四)24小时提醒的学习目标 1.了解24小时提醒的话术; 2.熟悉24小时提醒后应该做的准备工作。 (五)1小时提醒的学习目标 1.了解1小时提醒的话术; 2.熟悉1小时提醒后应该做的准备工作				
任务描述	7名学生组成实训小组并协商分工,其中,1人扮演客服专员、1人扮演服务顾问、1人扮演备件管理员、1人扮演工具管理员、1人扮演车间调度员、1人扮演技师、1人扮演客户,大家互相配合完成实训任务。各组组长负责与教师沟通,完成学生自评任务(学生在训练过程中可根据小组人数扮演多个角色)				
学时安排	资讯	计划	决策	实施	检查	评价
	0.5	0.5	0.5	1.5	0.5	0.5

续上表

对学生的要求	1. 能够用规范的仪容和职业的着装修饰自己，提升审美素养，弘扬中华美育精神； 2. 能够根据客户需求，用标准话术给客户打电话，完成预约服务流程； 3. 能够正确填写预约登记表； 4. 整理工具、资料，培养 6S 规范工作习惯，养成认真负责的工作态度和严谨的工作作风； 5. 在训练过程中应具备团队协作的意识和爱岗敬业的工匠精神、职业精神
参考资料	《汽车维修业务接待》配套微课

2. 材料工具清单

学习情境二	接车准备服务				
学时	4				
典型工作过程描述	准备工作——客户需求分析——72 小时提醒——24 小时提醒——1 小时提醒				
序号	名称	数量	型号	使用量	使用者
1	电话	5 部			
2	计算机（客户管理系统）	5 台			
3	预约话术	1 套			
4	预约看板	1 个			
5	预约备件	1 套			
6	专用工具	1 套			
7	欢迎看板	1 个			
8	服务包（五件套、交/接车单、抹布、纸、笔）	1 套			
9	预约标识牌	1 个			
班级		第　　组	组长签字		
教师签字		日期			

3. 教学实施计划单

学习情境二	接车准备服务
学时	4
典型工作过程描述	准备工作——客户需求分析——72 小时提醒——24 小时提醒——1 小时提醒

续上表

序号	工作与学习步骤	学时	使用工具	地点	方式	备注
1	准备工作	0.6	—	商务实训室	实操	
2	客户需求分析	0.6	—	商务实训室	实操	
3	72 小时提醒	0.6	电话、计算机、话术、纸、笔	商务实训室	实操	
4	24 小时提醒	1.5	电话、计算机、纸、笔	商务实训室	实操	
5	1 小时提醒	0.7	电话、计算机、纸、服务包	商务实训室	实操	
班级		教师签字		日期		

4. 教学引导文设计单

学习情境二	接车准备服务 参照系:服务对象					
典型工作过程	普适性工作过程					
	资讯	计划	决策	实施	检查	评价
准备工作	1. 学习得体地修饰自己的仪容； 2. 学习正确的职业着装规范； 3. 学习标准的微笑、坐姿和打电话礼仪； 4. 了解接车准备环节应准备的资料	1. 仪容修饰的基本要领； 2. 微笑、坐姿和打电话礼仪规范； 3. 接车准备环节应准备的资料	对比计划可行性、经济性、可操作性,确定方案	1. 掌握仪容修饰的基本要领； 2. 学会正确的职业着装规范； 3. 掌握微笑、坐姿和打电话礼仪规范； 4. 接车准备环节应准备的资料	1. 仪容仪表是否符合要求； 2. 着装是否规范； 3. 微笑、坐姿和打电话礼仪是否标准； 4. 接车准备环节应准备的资料	1. 作业流程是否完整； 2. 作业流程是否规范； 3. 是否做到 7S 管理
客户需求分析	1. 了解预约中服务环节的客户需求； 2. 针对客户的需求,准备相应的服务	正确分析客户需求	对比计划可行性、经济性、可操作性、实施难度	根据不同类型的客户正确分析客户需求	是否能根据不同类型的客户正确分析客户需求	

续上表

典型工作过程	普适性工作过程					
	资讯	计划	决策	实施	检查	评价
72小时提醒	1.了解72小时提醒的话术； 2.熟悉72小时提醒后应该做的准备工作	1.72小时提醒的话术； 2.72小时提醒后应该做的准备工作	对比计划可行性、经济性、可操作性、实施难度	1.了解72小时提醒的话术； 2.熟悉72小时提醒后应该做的准备工作	1.是否了解72小时提醒的话术； 2.是否熟悉72小时提醒后应该做的准备工作	1.作业流程是否完整； 2.作业流程是否规范； 3.是否做到7S管理
24小时提醒	1.了解24小时提醒的话术； 2.熟悉24小时提醒后应该做的准备工作	1.24小时提醒的话术； 2.24小时提醒后应该做的准备工作	对比计划可行性、经济性、可操作性、实施难度	1.了解24小时提醒的话术； 2.熟悉24小时提醒后应该做的准备工作	1.是否了解24小时提醒的话术； 2.是否熟悉24小时提醒后应该做的准备工作	
1小时提醒	1.了解1小时提醒的话术； 2.熟悉1小时提醒后应该做的准备工作	1.1小时提醒的话术； 2.1小时提醒后应该做的准备工作	对比计划可行性、经济性、可操作性、实施难度	1.了解1小时提醒的话术； 2.熟悉1小时提醒后应该做的准备工作	1.是否了解1小时提醒的话术； 2.是否熟悉1小时提醒后应该做的准备工作	

5. 分组单

学习情境二	接车准备服务			
学时	4			
典型工作过程描述	准备工作——客户需求分析——72小时提醒——24小时提醒——1小时提醒			
分组情况	组别	组长	组员	
	1			
	2			
	3			
	4			
	5			
	6			

续上表

分组说明	根据学生总人数将6名同学分为一组,本实训环节中由同学们协商分工,一名同学扮演客服专员、一名同学扮演服务顾问、一名同学扮演备件管理员、一名同学扮演工具管理员、一名同学扮演调度、一名同学扮演技师、一名同学扮演客户(其中一名同学兼职扮演两个角色),大家互相配合完成实训任务。各组组长负责与教师沟通,完成学生自评任务				
班级		教师签字		日期	

6. 教学反馈单

学习情境二	接车准备服务		
学时	4		
典型工作过程描述	准备工作——客户需求分析——72小时提醒——24小时提醒——1小时提醒		
调查项目	序号	调查内容	理由描述
	1	准备工作是否完整	
	2	客户需求分析是否准确	
	3	电话提醒话术是否准确	
	4	电话提醒后的准备工作是否完整	
您对本次课程教学的改进意见是:			
被调查人信息		调查日期	

7. 成绩报告单

接车准备服务流程学习情景（汽车维修业务接待）成绩报告单													
学习情境二	接车准备服务												
学时	4												
序号	姓名	准备工作				客户需求分析				电话提醒				总评
		自评 5%	互评 5%	教师评 10%	合计 20%	自评 5%	互评 5%	教师评 10%	合计 20%	自评 5%	互评 15%	教师评 40%	合计 60%	100分
班级				教师签字					日期				

8. 思政元素表

学习情境二	接车准备服务
典型工作案例描述	客服专员已经和客户张先生预约了×××型轿车本周四14:30到××4S经销店进行车辆维护。为了平衡企业内部生产力，确保张先生能按时履约，做好企业内部接着准备工作，客服专员和服务顾问及企业其他工作人员应该完成哪些工作
案例点评	在接车准备服务流程中，客户的期望是希望有人提醒，不要错过预约时间和带齐所需材料；希望到店时熟悉的服务顾问已在场等候；到店后希望4S店提前做好人员、备件等各项准备，能按时、顺利且保证质量地完成维修车辆和修复工作
思政要点	要完成这些目标，就要培养学生应具备认真负责的工作态度和严谨的工作作风；能够根据客户需求，用标准话术给客户打电话，完成接车准备服务流程；遵守爱岗敬业的职业道德规范，树立服务客户的职业道德观，具备爱岗敬业的工匠精神、职业精神和团队合作意识
参考资料	《汽车维修业务接待》配套微课，《思想道德修养与法治》

二、接车准备服务流程主要表单

（一）准备工作

1. 准备工作的资讯单

学习情境二	接车准备服务
学时	0.1
典型工作过程描述	准备工作
搜集资讯的方式	线下书籍及线上资源相结合
资讯描述	接车准备工作是服务顾问根据掌握的情况,合理安排技术人员,落实技术方案、准备工位、人员、备件、专用工具、设备、技术资料等,其目的是节约客户来店后的接车时间,保证客户如约到店后及时安排,避免给客户造成时间上的损失及引起客户抱怨,从而维护企业的信誉。 服务顾问在客户管理系统中填完预约登记表后,还应该做以下工作: (1)将预约登记表的信息同步到客户预约系统中; (2)为了保证客户预约信息准确,服务顾问在当天下班前检查维护预约看板。 服务顾问将预约登记表的信息同步到客户预约系统后,备件仓库管理员、工具资料管理员、车间调度员应在自己的工作计算机终端接收并查看预约登记表,并做好相应的准备工作。 1. 备件仓库管理员 备件仓库管理员对照预约登记表中预约项目对备件的需求,查看备件库存情况,如果备件库存能够满足预约项目对备件的需求,应在客户预约系统中的预约登记表上确认。 2. 工具资料管理员 工具资料管理员对照预约登记表中预约项目匹配相应的维修设备和专用工具,检查其完备情况并确保其功能正常。如果维修设备和专用工具能够满足预约项目的需求,应在客户预约系统中的预约登记表上确认。 3. 车间调度员 车间调度员检查车间工位、人员通用工具等筹备情况并确保正常。如果以上条件能够满足预约项目的需求,应在客户预约系统中的预约登记表上确认后确定车辆维修的技师和工位,话术如下。 调度:马技师你好! 技师:李调度好! 调度:下周四 14:30 预约车辆×××(车牌号),将在快修 5 号工位进行四万公里的维护和左前照灯检修项目,由你负责维修工作。 技师:收到。

接车准备工作

备件仓库管理员

工具资料管理员

车间调度员

续上表

对学生的要求	1. 能够用规范的仪容和职业的着装修饰自己,提升审美素养,弘扬中华美育精神; 2. 掌握准备工作环节企业内部人员应该完成的工作; 3. 能用标准话术与客户和企业员工交流,并认真倾听客户的需求,及时为客户解决问题; 4. 整理预约工具、资料,培养 7S 规范工作习惯,养成学生认真负责的工作态度和严谨的工作作风; 5. 在训练过程中应具备团队协作的意识和爱岗敬业的工匠精神、职业精神
参考资料	《汽车维修业务接待》配套微课

2. 准备工作的计划单

学习情境二	接车准备服务		
学时	0.1		
典型工作过程描述	准备工作		
计划制订的方式	小组讨论		
序号	工作步骤		注意事项
1	能够用规范的礼仪装饰自己		概括全面
2	服务顾问将预约登记表的信息同步到客户预约系统		模拟到位
3	服务顾问维护预约看板		模拟到位
4	备件仓库管理员、工具资料管理员、车间调度员准备备件、检查工具、安排工位和技师,并在预约登记表上确认		模拟到位
计划评价	班级		第 组	组长签字	
	教师签字		日期		
	评语:				

3. 准备工作的决策单

学习情境二	接车准备服务				
学时	0.1				
典型工作过程描述	准备工作				
计划对比					
序号	可行性	经济性	可操作性	实施难度	综合评价
1					
2					
3					
4					
决策评价	班级		第 组	组长签字	
	教师签字		日期		
	评语：				

4. 准备工作的实施单

学习情境二	接车准备服务	
学时	0.1	
典型工作过程描述	准备工作	
序号	实施步骤	注意事项
1	服务顾问将预约登记表的信息同步到客户预约系统	分析概括全面
2	服务顾问维护预约看板	分析概括全面
3	备件仓库管理员检查备件，并在预约登记表上确认	要求动作符合规范
4	工具资料管理员检查工具，并在预约登记表上确认	要求动作符合规范
5	车间调度员安排工位和技师，并在预约登记表上确认	要求动作符合规范
实施说明		
实施评价	班级 第 组 组长签字	
	教师签字 日期	
	评语：	

5. 准备工作的检查单

学习情境二	接车准备服务			
学时	0.1			
典型工作过程描述	准备工作			
序号	检查项目	检查标准	学生自查	教师检查
1	服务顾问将预约登记表的信息同步到客户预约系统	动作是否符合规范		
2	服务顾问维护预约看板	动作是否符合规范		
3	备件仓库管理员检查备件,并在预约登记表上确认	动作是否符合规范		
4	工具资料管理员检查工具,并在预约登记表上确认	动作是否符合规范		
5	车间调度员安排工位和技师,并在预约登记表上确认	动作、话术是否符合规范		
检查评价	班级		第 组	组长签字	
	教师签字		日期		
	评语:				

6. 准备工作的评价单

学习情境二	接车准备服务			
学时	0.1			
典型工作过程描述	准备工作			
评价项目	评价子项目	学生自评	组内评价	教师评价
服务顾问同步预约登记表的信息	动作规范			
服务顾问维护预约看板	动作规范			

续上表

评价项目	评价子项目	学生自评	组内评价	教师评价
备件仓库管理员检查备件,并在预约登记表上确认	动作规范			
工具资料管理员检查工具,并在预约登记表上确认	动作规范			
评价等级(不及格、及格、良好、优秀)				
综合评价	班级		第 组	组长签字
	教师签字		日期	
	评语:			

（二）客户需求分析

1. 客户需求分析的资讯单

学习情境二	接车准备服务
学时	0.1
典型工作过程描述	客户需求分析
搜集资讯的方式	线下书籍及线上资源相结合
资讯描述	接车准备环节客户的需求： 1. 希望有人提醒,不要错过预约时间； 2. 希望有人提醒,带齐所需材料； 3. 希望到店时指定的服务顾问已在场等候,到店后可以立即进行维修车辆和修复工作； 4. 希望4S店提前做好人员、备件等各项准备,能按时、顺利完成维修车辆和修复工作,且保证质量
对学生的要求	1. 能够对客户需求进行分析； 2. 养成学生认真负责的工作态度和严谨的工作作风； 3. 整理预约工具、资料,培养7S规范工作习惯； 4. 在训练过程中应具备团队协作的意识和爱岗敬业的工匠精神、职业精神
参考资料	《汽车维修业务接待》配套微课

2. 客户需求分析的计划单

学习情境二	接车准备服务			
学时	0.1			
典型工作过程描述	客户需求分析			
计划制订的方式	小组讨论			
序号	工作步骤			注意事项
1	能够分析客户需求			
2	根据客户的需求做好接车准备工作			
计划评价	班级		第　　组	组长签字	
	教师签字		日期		
	评语：				

3. 客户需求分析的决策单

学习情境二	接车准备服务				
学时	0.1				
典型工作过程描述	客户需求分析				
	计划对比				
序号	可行性	经济性	可操作性	实施难度	综合评价
1					
2					
3					
4					
决策评价	班级		第　　组	组长签字	
	教师签字		日期		
	评语：				

4. 客户需求分析的实施单

学习情境二	接车准备服务				
学时	0.1				
典型工作过程描述	客户需求分析				
序号	实施步骤				注意事项
1	分析客户需求				
2	根据客户的需求做好接车准备工作				
实施说明					
实施评价	班级		第 组	组长签字	
	教师签字		日期		
	评语：				

5. 客户需求分析的检查单

学习情境二	接车准备服务			
学时	0.1			
典型工作过程描述	客户需求分析			
序号	检查项目	检查标准	学生自查	教师检查
1	能够分析客户需求	模拟是否准确		
2	根据客户的需求做好接车准备工作	模拟是否准确		
检查评价	班级		第 组	组长签字
	教师签字		日期	
	评语：			

6. 客户需求分析的评价单

学习情境二	接车准备服务			
学时	0.1			
典型工作过程描述	客户需求分析			
评价项目	评价子项目	学生自评	组内评价	教师评价
作业流程完整性	作业流程是否完整			
作业流程规范性	作业流程是否规范			
7S 管理	是否做到 7S 管理			
评价等级（不及格、及格、良好、优秀）				
综合评价	班级		第　　组	组长签字
	教师签字		日期	
	评语：			

（三）72 小时提醒

1.72 小时提醒的资讯单

学习情境二	接车准备服务
学时	0.1
典型工作过程描述	72 小时提醒
搜集资讯的方式	线下书籍及线上资源相结合
资讯描述	备件仓库管理员、工具资料管理员、车间调度员三方确认后，客服专员在预约服务前 72 小时以客户期望的联系方式提醒客户，并确认客户是否能够按时履约。 72 小时电话提醒话术如下。 客服专员:张先生,您好！我是×××经销商客服专员王丽,我们已经按照预约时间为您安排好了预约工作,请问您周四 14:30 能否来店? 张先生:应该可以。 客服专员:好的,我们会在周三下午再次致电,和您确定预约时间,非常感谢,并期待您的光临,再见。 张先生:再见。

续上表

对学生的要求	1. 72 小时提醒的话术； 2. 熟悉电话礼仪的规范； 3. 能够用规范的仪容和职业的着装修饰自己,提升审美素养,弘扬中华美育精神； 4. 整理预约工具、资料,培养7S规范工作习惯,养成学生认真负责的工作态度和严谨的工作作风； 5. 在训练过程中应具备团队协作的意识和爱岗敬业的工匠精神、职业精神
参考资料	《汽车维修业务接待》配套微课

2. 72 小时提醒的计划单

学习情境二	接车准备服务				
学时	0.1				
典型工作 过程描述	72 小时提醒				
计划制订的方式	小组讨论				
序号	工作步骤				注意事项
1	72 小时提醒的话术				
2	熟悉电话礼仪的规范				
计划评价	班级		第　　组	组长签字	
	教师签字		日期		
	评语：				

3. 72 小时提醒的决策单

学习情境二	接车准备服务				
学时	0.1				
典型工作过程描述	72 小时提醒				
计划对比					
序号	可行性	经济性	可操作性	实施难度	综合评价
1					
2					
3					
4					
决策评价	班级		第 组		组长签字	
	教师签字		日期			
	评语：					

4. 72 小时提醒的实施单

学习情境二	接车准备服务	
学时	0.1	
典型工作过程描述	72 小时提醒	
序号	实施步骤	注意事项
1	72 小时提醒的话术	
2	熟悉电话礼仪的规范	
实施说明		
实施评价	班级		第 组		组长签字	
	教师签字		日期			
	评语：					

5. 72 小时提醒的检查单

学习情境二	接车准备服务			
学时	0.1			
典型工作过程描述	72 小时提醒			
序号	检查项目	检查标准	学生自查	教师检查
1	72 小时提醒的话术	话术是否准确		
2	熟悉电话礼仪的规范	礼仪是否规范		
检查评价	班级： 第 组 组长签字： 教师签字： 日期： 评语：			

6. 72 小时提醒的评价单

学习情境二	接车准备服务			
学时	0.1			
典型工作过程描述	72 小时提醒			
评价项目	评价子项目	学生自评	组内评价	教师评价
作业流程完整性	作业流程是否完整			
作业流程规范性	作业流程是否规范			
评价等级（不及格、及格、良好、优秀）				
综合评价	班级： 第 组 组长签字： 教师签字： 日期： 评语：			

(四) 24 小时提醒

1. 24 小时提醒的资讯单

学习情境二	接车准备服务
学时	0.1
典型工作过程描述	24 小时提醒
搜集资讯的方式	线下书籍及线上资源相结合
资讯描述	1. 客服专员 24 小时提醒 距预约时间 24 小时客服专员打电话给客户提醒客户并确认客户能否履约。 24 小时电话提醒话术如下。 客服专员：张先生，您好！我是×××经销商客服专员王丽，我们已经为您安排好了明天 14：30 的接待工作，请问您能否准时到达？ 张先生：应该可以。 客服专员：好的，明天下午服务顾问马丽将提前一小时与您联系，请您带好保养手册、行车证、驾驶证等相关证件，按约定时间到店。非常感谢，并期待您的光临，再见。 张先生：再见。 2. 制定预约排班表 预约确定后客服专员应制定预约排班表递交给服务经理、引导员、服务顾问等相关工作人员
对学生的要求	1. 掌握 24 小时提醒的话术，能够制定预约排班表； 2. 熟悉电话礼仪的规范； 3. 能够用规范的仪容和职业的着装修饰自己，提升审美素养，弘扬中华美育精神； 4. 整理预约工具、资料，培养 7S 规范工作习惯，养成学生认真负责的工作态度和严谨的工作作风； 5. 在训练过程中应具备团队协作的意识和爱岗敬业的工匠精神、职业精神
参考资料	《汽车维修业务接待》配套微课

2. 24 小时提醒的计划单

学习情境二	接车准备服务
学时	0.1
典型工作过程描述	24 小时提醒
计划制订的方式	小组讨论

续上表

序号	工作步骤	注意事项
1	24 小时提醒的话术	
2	熟悉电话礼仪的规范	

计划评价	班级		第 组	组长签字	
	教师签字		日期		
	评语：				

3. 24 小时提醒的决策单

学习情境二	接车准备服务				
学时	0.1				
典型工作过程描述	24 小时提醒				
计划对比					
序号	可行性	经济性	可操作性	实施难度	综合评价
1					
2					
3					
4					
决策评价	班级		第 组	组长签字	
	教师签字		日期		
	评语：				

4. 24小时提醒的实施单

学习情境二	接车准备服务		
学时	0.1		
典型工作过程描述	24小时提醒		
序号	实施步骤		注意事项
1	客服专员24小时提醒话术 客服专员： 张先生：应该可以。 客服专员： 张先生：再见		
2	制订预约排班表 预约确定后客服专员应制定预约排班表递交给服务经理、引导员、服务顾问等相关工作人员		
实施说明			
实施评价	班级	第　　组	组长签字
	教师签字	日期	
	评语：		

5. 24小时提醒的检查单

学习情境二	接车准备服务			
学时	0.1			
典型工作过程描述	24小时提醒			
序号	检查项目	检查标准	学生自查	教师检查
1	24小时提醒的话术	是否准确		
2	熟悉电话礼仪的规范	是否完整		
检查评价	班级 第 组 组长签字 教师签字 日期 评语：			

6. 24小时提醒的评价单

学习情境二	接车准备服务			
学时	0.1			
典型工作过程描述	24小时提醒			
评价项目	评价子项目	学生自评	组内评价	教师评价
作业流程完整性	作业流程是否完整			
作业流程规范性	作业流程是否规范			
评价等级(不及格、及格、良好、优秀)				
综合评价	班级 第 组 组长签字 教师签字 日期 评语：			

（五）1小时提醒

1.1 小时提醒的资讯单

学习情境二	接车准备服务
学时	0.1
典型工作过程描述	1小时提醒
搜集资讯的方式	线下书籍及线上资源相结合
资讯描述	1.1 小时提醒 距预约时间1小时服务顾问打电话给客户提醒客户并确认客户能否履约。 1小时电话提醒话术如下。 服务顾问：您好，我是×××经销商服务顾问马丽，请问您是车牌是××，车型是××的车主张先生吗？ 客户：是的。 服务顾问：您好，张先生，请问您现在方便接听电话吗？ 张先生：方便，你请讲。 服务顾问：张先生，此次给您打电话是想确认一下，您预约今天下午4万公里的常规保养和更换左前照灯的项目，我们已经做好了准备工作，请问您能否准时到达？ 张先生：可以，我会准时到达。 服务顾问：张先生，请您带好保养手册、行车证、驾驶证等相关证件，按约定时间到店，您的工位我们将会为您保留10分钟的时间，请您及时到达，路上注意安全，期待您的光临，再见。 张先生：谢谢，再见。 2. 服务顾问确定预约 预约确定后，服务顾问在客户管理系统中确认，并通知其他部门做好准备工作。 服务顾问：各部门请注意，预约车辆××，车型××14：30准时到达，请各部门做好准备工作。 备件仓库管理员：收到。 工具资料管理员：收到。 车间调度员：收到。 3. 企业内部准备 (1) 服务顾问检查欢迎看板客户的信息是否准确，并准备好接车单、五件套、预约标识牌、手套、储物袋、笔等接车工具后放入服务包。 (2) 备件仓库管理员按照预约登记表中预约维修项目准备好预约备件，做好标识后放到预约货架上。 (3) 工具质量管理员按照预约登记表中预约维修项目检查所需的专用工具是否齐备、完好。 (4) 车间调度员按照预约登记表中预约维修项目做好工位、设备、人员的准备。 车间调度：小马，预约车辆××，车型××，今天14：30准时到达，请做好接车准备工作。 技师：收到。 (5) 引导员看完预约看板，了解预约车辆的基本信息后到接待区等待客户

续上表

对学生的要求	1. 掌握1小时提醒的话术,能够检查欢迎看板、准备接车工具; 2. 熟悉电话礼仪的规范; 3. 能够用规范的仪容和职业的着装修饰自己,提升审美素养,弘扬中华美育精神; 4. 整理预约工具、资料,培养7S规范工作习惯,养成学生认真负责的工作态度和严谨的工作作风; 5. 在训练过程中应具备团队协作的意识和爱岗敬业的工匠精神、职业精神
参考资料	《汽车维修业务接待》配套微课

2.1 小时提醒的计划单

学习情境二	接车准备服务		
学时	0.1		
典型工作过程描述	1小时提醒		
计划制订的方式	小组讨论		
序号	工作步骤		注意事项
1	1小时提醒的话术		
2	服务顾问确定预约		
3	企业内部准备		
计划评价	班级	第 组	组长签字
	教师签字	日期	
	评语:		

3.1 小时提醒的决策单

学习情境二	接车准备服务
学时	0.1
典型工作过程描述	1小时提醒

续上表

序号	计划对比				
	可行性	经济性	可操作性	实施难度	综合评价
1					
2					
3					
4					
5					
6					
决策评价	班级		第 组	组长签字	
	教师签字		日期		
	评语：				

4.1 小时提醒的实施单

学习情境二	接车准备服务	
学时	0.2	
典型工作过程描述	1小时提醒	
序号	实施步骤	注意事项
1	1小时提醒的话术 服务顾问： 客户： 服务顾问： 客户：方便，你请讲。 服务顾问： 客户：可以，我会准时到达。 服务顾问： 客户：谢谢，再见。	

续上表

序号	实施步骤	注意事项
2	服务顾问确定预约 服务顾问： 备件仓库管理员：收到。 工具资料管理员：收到。 车间调度员：收到。	
3	企业内部准备 1. 服务顾问 2. 备件仓库管理员 3. 工具质量管理员 4. 车间调度员 车间调度： 技师：收到。	
实施说明		
实施评价	班级： 第 组 组长签字 教师签字 日期 评语：	

5.1 小时提醒的检查单

学习情境二	接车准备服务			
学时	0.1			
典型工作过程描述	1小时提醒			
序号	检查项目	检查标准	学生自查	教师检查
1	1小时提醒的话术	内容是否准确		
2	服务顾问确定预约	模拟到位		
3	企业内部准备	模拟到位		
检查评价	班级		第 组	组长签字
	教师签字		日期	
	评语：			

6.1 小时提醒的评价单

学习情境二	接车准备服务			
学时	0.1			
典型工作过程描述	1小时提醒			
评价项目	评价子项目	学生自评	组内评价	教师评价
作业流程完整性	作业流程是否完整			
作业流程规范性	作业流程是否规范			
评价等级(不及格、及格、良好、优秀)				
综合评价	班级		第 组	组长签字
	教师签字		日期	
	评语：			

学习情境三 接车/制单服务

一、接车/制单服务流程辅助表单

1. 学习性工作任务单

学习情境三	接车/制单服务
学时	16
典型工作过程描述	服务礼仪——迎接客户——环车检查——协商项目服务——安排客户
学习目标	(一)服务礼仪的学习目标 1. 掌握仪容修饰的基本要领; 2. 掌握微笑、坐姿、站姿、蹲姿、握手、递名片和茶水礼仪的规范; 3. 应具有良好的形象和礼仪,体现出对客户的关注与尊重,体现出高水平的业务素质。 (二)迎接客户的学习目标 1. 应能够与客户进行有效沟通,并询问客户需求; 2. 能够正确引导客户停车。 (三)环车检查的学习目标 1. 能够完成车辆室内检查和环车检查工作,正确填写交/接单; 2. 能够与客户进行良好的沟通,具有一定的交流、倾听能力。 (四)协商项目服务的学习目标 1. 能够完成车辆派工移车工作; 2. 能够与客户进行良好的沟通、协商,制订任务委托书。 (五)安排客户的学习目标 1. 能够与客户进行有效沟通,服务客户; 2. 时刻关注客户需求,能够完成客户接待服务工作。
任务描述	本实训环节中由同学们协商分工分别扮演门卫、服务顾问、引导员、服务员、前台接待员和客户,大家互相配合完成接车/制单实训任务

学时安排	资讯	计划	决策	实施	检查	评价
	2	0.5	0.5	12	0.5	0.5

续上表

对学生的要求	1. 能够用规范的仪容和职业的着装修饰自己，提升审美素养，弘扬中华美育精神； 2. 掌握仪表、微笑、坐姿、站姿、蹲姿、引领、握手和递送饮料、茶点礼仪的规范； 3. 能够与客户正确沟通，完成迎接客户、环车检查、协商项目服务和安排客户等工作； 4. 能够正确填写交/接车单和任务委托书； 5. 注重个人仪容仪表，发扬中华民族传统美德； 6. 整理预约工具、资料，培养7S规范工作习惯，养成学生认真负责的工作态度和严谨的工作作风； 7. 在训练过程中应具备团队协作的意识和爱岗敬业的工匠精神、职业精神
参考资料	《汽车维修业务接待》配套微课

2. 材料工具清单

学习情境三	接车/制单服务				
学时	16				
典型工作过程描述	服务礼仪——迎接客户——环车检查——协商项目服务——安排客户				
序号	名称	数量	型号	使用量	使用者
1	汽车	1辆			
2	计算机(客户管理系统)	1台			
3	沟通话术	1套			
4	交/接车单	1份			
5	任务委托书	1份			
6	预约标识牌	1个			
7	活动彩页	1份			
8	服务包	1个			
9	茶具	1套			
班级		第 组	组长签字		
教师签字		日期			

3. 教学实施计划单

学习情境三	接车/制单服务
学时	16
典型工作过程描述	服务礼仪——迎接客户——环车检查——协商项目服务——安排客户

续上表

序号	工作与学习步骤	学时	使用工具	地点	方式	备注
1	服务礼仪	2.9	名片、茶杯、沟通话术	商务实训室	实操	
2	迎接客户	2.9	沟通话术	商务实训室	实操	
3	环车检查	5.2	汽车、预约标识牌、服务包、沟通话术、交/接车单	商务实训室	实操	
4	协商项目服务	2.5	计算机、沟通话术、任务委托书、活动彩页	商务实训室	实操	
5	安排客户	2.5	茶杯	商务实训室	实操	
班级		教师签字		日期		

4. 教学引导文设计单

学习情境三	接车/制单服务 参照系：服务对象					
典型工作过程	普适性工作过程					
	资讯	计划	决策	实施	检查	评价
服务礼仪	1.掌握仪容修饰的基本要领； 2.掌握微笑、坐姿、站姿、蹲姿、握手和茶水礼仪的规范； 3.应具有良好的形象和礼仪,体现出对客户的关注与尊重,体现出高水平的业务素质	1.学习微笑、坐姿、站姿、蹲姿、握手和茶水礼仪等礼仪规范； 2.培养自身良好的形象和礼仪,体现出对客户的关注与尊重,体现出高水平的业务素质	对比计划可行性、经济性、可操作性,确定方案	1.学习仪容修饰的基本要领； 2.学习微笑、坐姿、站姿、蹲姿、握手和茶水礼仪等礼仪规范	1.仪容仪表是否符合要求； 2.着装是否规范； 3.微笑、坐姿、站姿、蹲姿、握手和茶水礼仪是否规范； 4.是否与客户进行有效沟通； 5.是否正确引导客户停车	1.作业流程是否完整； 2.作业流程是否规范； 3.是否做到7S管理
迎接客户	1.应能够与客户进行有效沟通,并询问客户需求； 2.能够正确引导客户停车	1.与客户进行有效沟通,并询问客户需求； 2.正确引导客户停车	对比计划可行性、经济性、可操作性、实施难度	1.门卫引导客户停车； 2.引导员引导客户停车； 3.服务顾问迎接客户		

续上表

典型工作过程	普适性工作过程					
	资讯	计划	决策	实施	检查	评价
环车检查	1. 能够完成车辆室内检查和环车检查工作,正确填写交/接车单; 2. 能够与客户进行良好的沟通,具有一定的交流、倾听能力	1. 完成车辆室内检查和环车检查工作,正确填写交/接车单; 2. 与客户进行良好的沟通,具有一定的交流、倾听能力	对比计划可行性、经济性、可操作性、实施难度	1. 完成室内检查; 2. 完成环车检查; 3. 正确填写交/接车单	1. 是否与客户进行良好的沟通; 2. 是否完成车辆室内检查和环车检查工作; 3. 是否正确填写交/接车单	1. 作业流程是否完整; 2. 作业流程是否规范; 3. 是否做到7S管理
协商项目服务	1. 能够完成车辆派工移车工作; 2. 能够与客户进行良好的沟通、协商,制定任务委托书	1. 完成车辆派工移车工作; 2. 与客户进行良好的沟通、协商,制定任务委托书	对比计划可行性、经济性、可操作性、实施难度	1. 完成车辆派工移车工作; 2. 与客户进行协商维修项目及增项; 3. 制定任务委托书	1. 是否完成车辆派工移车工作; 2. 是否与客户进行良好的沟通、协商,制定任务委托书	
安排客户	1. 能够与客户进行有效沟通,服务客户; 2. 时刻关注客户需求,能够完成客户接待服务工作	1. 与客户进行有效沟通,服务客户; 2. 关注客户需求,能够完成客户接待服务工作	对比计划可行性、经济性、可操作性、实施难度	1. 引导客户至VIP室; 2. 服务员服务客户; 3. 整理预约工具	1. 是否引导客户至VIP室,并介绍VIP室的设置; 2. 服务员服务客户时候周到	

5. 分组单

学习情境三	接车/制单服务					
学时	16					
典型工作过程描述	服务礼仪——迎接客户——环车检查——协商项目服务——安排客户					
分组情况	组别	组长	组员			
	1					
	2					
	3					
	4					
	5					
	6					
分组说明	根据学生总人数将6名同学分为一组,本实训环节中由同学们协商分工,一名同学扮演门卫、一名同学扮演服务顾问、一名同学扮演引导员、一名同学扮演服务员、两名同学扮演客户,大家互相配合完成实训任务。各组组长负责与教师沟通,完成学生自评任务					
班级		教师签字		日期		

6. 教学反馈单

学习情境三	接车/制单服务		
学时	16		
典型工作过程描述	服务礼仪——迎接客户——环车检查——协商项目服务——安排客户		
调查项目	序号	调查内容	理由描述
	1	环车检查流程中所有工作人员仪容、仪表、着装是否规范,是否用规范的微笑、坐姿、站姿、蹲姿、握手和茶水礼仪接待客户	
	2	环车检查流程中的内容是否全面	
	3	环车检查流程确认工作是否完整	
您对本次课程教学的改进意见是:			
被调查人姓名		调查日期	

7. 成绩报告单

接车/制单服务流程学习情景（汽车维修业务接待）成绩报告单

学习情境三	接车/制单服务																		
学时	16																		
序号	姓名	服务礼仪				迎接客户				环车检查				协商项目服务				安排客户				总评
		自评 2%	互评 3%	教师评 5%	合计 10%	自评 2%	互评 3%	教师评 5%	合计 10%	自评 8%	互评 12%	教师评 20%	合计 40%	自评 4%	互评 6%	教师评 10%	合计 20%	自评 4%	互评 6%	教师评 10%	合计 20%	100分
班级																教师签字					日期	

8. 思政元素表

学习情境三	接车/制单服务
典型工作案例描述	客户张先生的×××型轿车到×××4S经销店将要进行车辆4万公里定期维护和更换左前照灯项目,为了提升企业服务质量,提高客户的满意度,作为企业工作人员的门卫、引导员、服务顾问和服务员应在接车/制单环节中为客户提供哪些服务
案例点评	在接车/制单流程中,客户希望从进门开始就有工作人员热情地接待他,告诉他将车停在哪里;希望有人帮他认真、专业地检查车辆的各项性能,发现问题并提出解决方案;希望了解近期企业是否有优惠活动可以参加;希望在店等候时有一个舒适的等待环境
思政要点	在本流程中想要提升企业服务质量,提高客户的满意度,首先,要使学生注重个人仪容、仪表,能够用规范的仪容和职业的着装修饰自己,能够用规范的接待礼仪接待客户,让客户有宾至如归的感觉,提升学生的审美素养,从而弘扬中华美育精神;其次,学生在情景演练过程通过认真学习、刻苦钻研专业知识,与客户沟通过程中要耐心地与不同性格的客户交流,完成迎接客户、环车检查、协商项目服务和安排客户等任务,为尽快成长为一名优秀的服务顾问,应具备精益求精、爱岗敬业的工匠精神和职业精神;最后,在训练过程中养成严谨细致、耐心、专注、务实的工作作风和具备团队协作的意识
参考资料	《汽车维修业务接待》配套微课,《思想道德修养与法治》

二、接车/制单服务流程主要表单

（一）服务礼仪

1. 服务礼仪的资讯单

学习情境三	接车/制单服务
学时	0.5
典型工作过程描述	服务礼仪
搜集资讯的方式	线下书籍及线上资源相结合
资讯描述	接车/制单服务需要的礼仪有仪容仪表、微笑、坐姿、站姿、蹲姿、引领、握手和递送饮料、茶点礼仪。前文已介绍过仪容仪表、微笑、坐姿、站姿礼仪,本环节主要介绍蹲姿、引领、握手和递送饮料、茶点礼仪规范。 一、蹲姿礼仪 1.正确的蹲姿 (1)下蹲拾物时,应自然、得体、大方,不遮遮掩掩。 (2)下蹲时,两腿合力支撑身体,避免滑倒。 (3)下蹲时,应使头、胸、膝关节在一个角度上,使蹲姿优美。

| 资讯描述 | (4)女士无论采用哪种蹲姿,都要将双腿靠紧,臀部向下。常用的蹲姿有交叉式和高低式两种。
2.蹲姿的分类
(1)交叉式蹲姿。
在实际生活中常常会用到蹲姿,如集体合影前排需要蹲下时,女士可采用交叉式蹲姿。下蹲时,右脚在前,左脚在后,右小腿垂直于地面,全脚着地。左膝由后面伸向右侧,左脚跟抬起,脚掌着地。两腿靠紧,合力支撑身体。臀部向下,上身稍前倾(图3-1)。
(2)高低式蹲姿。
下蹲时,右脚在前,左脚稍后,两腿靠紧向下蹲。右脚全脚着地,小腿基本垂直于地面,左脚脚跟提起,脚掌着地。左膝低于右膝,左膝内侧靠于右小腿内侧,形成右膝高左膝低的姿态,臀部向下,基本上以左腿支撑身体(图3-2)。

图3-1 交叉式蹲姿　　　　图3-2 高低式蹲姿

二、引领礼仪
正确的引领姿势是:五指伸直并拢,掌心向上倾斜,手背与地面呈45°,手与前臂成一条直线,肘关节自然弯曲,手肘夹角90°～120°,大臂与上体夹角30°,面部保持亲切的微笑。当发出邀请时,手势应从腹部之前抬起,以肘为轴轻缓地向一旁摆出,到腰部并与身体正面呈45°时停止。需要给客户指方向时,手指并拢,掌伸直,屈肘从身前抬起,向抬到的方向摆去,摆到肩的高度时停止,肘关稍有弯度,这样比较美观,身体略微前倾,目光注视对方或邀请指引的方向,当完成动作,身体行进复位时,切记不要立即收回微笑(图3-3)。
请客户落座时,手势应摆向座位的地方。动作的要领与"请"的动作相同,不同的是:伸手要先从身体的一侧抬起,到高于腰部后,再向下摆去,使大小臂成一斜线,肘关节自然弯曲,最后落在座位的方向。上楼引领的手势在这个基础上将手指的方向指向楼梯口即可(图3-4)。
当我们的左手有物品的时候,需要给客户指引向左走时,可以不必特意将物品换到右手上用左手指引,可以使用右手朝左边方位指引,肘关节自然弯曲,去做一个引领的手势即可。如果是在走廊引导客户,引导者应走在客户左前方,让客户走在右侧,自己则走 |

续上表

资讯描述	在走廊左侧,与客户的步伐保持步调一致,要时时注意后面,走到拐角处,一定要先停下来,转过身说:"请向这边来",然后继续行走,尽量让客户走在比较安全的位置。   图3-3 引领礼仪基本要求　　　　图3-4 请客落座基本要求 三、握手礼仪 　　握手是一种礼仪。握手往往表示友好,是一种交流、信任,可以表示一方的尊敬、景仰、祝贺、鼓励,也能传达出一些人的淡漠、敷衍、逢迎、虚假、傲慢。 　　1. 握手的顺序 　　主人、长辈、上司、女士主动伸出手,客户、晚辈、下属、男士再相迎握手(图3-5)。  图3-5 握手基本要求 　　2. 握手的方法 　　(1)一定要用右手握手。 　　(2)要紧握对方的手,时间一般以1~3秒为宜。过紧地握手,或是只用手指部分漫不经心地接触对方的手都是不礼貌的。 　　(3)被介绍之后,最好不要立即主动伸手。即当年长者、职务高者用点头致意代替握手时,年轻者、职务低者也应随之点头致意。

续上表

资讯描述	（4）握手时，双目应注视对方，微笑致意或问好，多人同时握手时应顺序进行，切忌交叉握手。 （5）在任何情况下拒绝对方主动要求握手的举动都是无礼的，但手上有水或不干净时，应谢绝握手，同时必须解释并致歉。 （6）握手时应注意伸手的次序。男士要等女士先伸手之后再握；年轻者一般要等年长者先伸出手再握；下级要等上级先伸出手再趋前握手。 四、递送饮料、茶点礼仪 　　递送饮料茶点的原则是尊重他人。递物时，双手呈，接平稳，手再松；接人物，双手迎，表感谢，把礼行。双手递物或接物体现出对对方的尊重。如果在特定场合下或东西太小不用双手时，一般用右手递接物品。 　　在给客户递送茶水时，应左手托杯底，右手握茶杯把手或扶杯壁，将茶杯把手指向客户的右手边，双手递上，并说声"请用茶"，若茶水较烫，可将茶杯放到客户面前的茶几上。
对学生的要求	1. 能够用规范的仪容和职业的着装修饰自己，提升审美素养，弘扬中华美育精神； 2. 能用规范的微笑、坐姿、站姿、蹲姿、引领、握手和递送饮料、茶点礼仪接待客户； 3. 整理预约工具、资料，培养7S规范工作习惯，养成学生认真负责的工作态度和严谨的工作作风； 4. 在训练过程中应具备团队协作的意识和爱岗敬业的工匠精神、职业精神
参考资料	《汽车维修业务接待》配套微课

2. 服务礼仪的计划单

学习情境三	接车/制单服务		
学时	0.1		
典型工作过程描述	服务礼仪		
计划制订的方式	小组讨论		
序号	工作步骤		注意事项
1	掌握仪容修饰的基本要领		模拟到位
2	学会正确的职业着装规范		模拟到位
3	掌握微笑、坐姿、站姿、蹲姿、引领、握手和递送饮料、茶点礼仪规范		模拟到位
计划评价	班级		第　　组	组长签字	
	教师签字		日期		
	评语：				

3. 服务礼仪的决策单

学习情境三	接车/制单服务				
学时	0.1				
典型工作过程描述	服务礼仪				
计划对比					
序号	可行性	经济性	可操作性	实施难度	综合评价
1					
2					
3					
4					
决策评价	班级		第 组	组长签字	
	教师签字		日期		
	评语：				

4. 服务礼仪的实施单

学习情境三	接车/制单服务	
学时	2	
典型工作过程描述	服务礼仪	
序号	实施步骤	注意事项
1	学生仪容、仪表礼仪训练	分析概括全面
2	学生蹲姿礼仪训练	分析概括全面
3	学生引领礼仪训练	要求动作符合规范
4	学生握手礼仪训练	要求动作符合规范
5	学生递送饮料、茶点礼仪训练	要求动作符合规范
实施说明		
实施评价	班级	第 组	组长签字
	教师签字	日期	
	评语：		

5. 服务礼仪的检查单

学习情境三	接车/制单服务			
学时	0.1			
典型工作过程描述	服务礼仪			
序号	检查项目	检查标准	学生自查	教师检查
1	仪容、仪表礼仪	是否按要求修饰自己的仪容		
2	学生蹲姿礼仪训练	是否按礼仪规范演示		
3	学生引领礼仪训练	是否按礼仪规范演示		
4	学生握手礼仪训练	是否按礼仪规范演示		
5	学生递送饮料、茶点礼仪训练	是否按礼仪规范演示		
检查评价	班级		第 组	组长签字	
	教师签字		日期		
	评语：				

6. 服务礼仪的评价单

学习情境三	接车/制单服务			
学时	0.1			
典型工作过程描述	服务礼仪			
评价项目	评价子项目	学生自评	组内评价	教师评价
仪容、仪表礼仪	干净、整洁			
学生蹲姿礼仪训练	动作规范			
学生引领礼仪训练	动作规范			
学生握手礼仪训练	动作规范			
学生递送饮料、茶点礼仪训练	动作规范			
评价等级（不及格、及格、良好、优秀）				
综合评价	班级		第 组	组长签字	
	教师签字		日期		
	评语：				

（二）迎接客户

1. 迎接客户的资讯单

学习情境三	接车/制单服务
学时	0.5
典型工作过程描述	迎接客户
搜集资讯的方式	线下书籍及线上资源相结合
资讯描述	1. 引导停车 （1）门卫引导。 客户车辆到达经销商门卫处，门卫主动出迎，示意客户停车，问候客户并询问来意，根据客户的不同需求，指引至相应的区域。 （2）引导员引导。 客户车辆到达服务区时，引导员快步迎上，引导客户将车辆停至停车位，进行登记。 2. 迎接客户、询问需求 （1）服务顾问完成预约准备工作后，拿好防护五件套、交接车单、任务委托书、抹布、笔、预约标识牌，在接车区等待预约车辆。 （2）预约车辆停稳后，服务顾问主动迎上，请客户下车后，服务顾问主动问候，根据《预约登记表》信息与客户确认预约项目，询问是否还有其他需求。 （3）服务顾问为预约车辆加装"预约"标识牌
对学生的要求	1. 能够用规范的仪容和职业的着装修饰自己，提升审美素养，弘扬中华美育精神； 2. 能够根据标准话术和接待礼仪接待客户； 3. 养成学生认真负责的工作态度和严谨的工作作风； 4. 整理预约工具、资料，培养7S规范工作习惯； 5. 在训练过程中应具备团队协作的意识和爱岗敬业的工匠精神、职业精神
参考资料	《汽车维修业务接待》配套微课

迎接客户

门卫引导停车

引导员引导停车

2. 迎接客户的计划单

学习情境三	接车/制单服务	
学时	0.1	
典型工作过程描述	迎接客户	
计划制订的方式	小组讨论	
序号	工作步骤	注意事项
1	学习迎接客户的礼仪	动作规范

续上表

序号	工作步骤	注意事项
2	学习迎接客户的话术及流程	话术标准、流程完整
计划评价	班级： 　　　　　第　　组　　组长签字： 教师签字： 　　　　　日期： 评语：	

3. 迎接客户的决策单

学习情境三	接车/制单服务			
学时	0.1			
典型工作过程描述	迎接客户			
计划对比				
序号	可行性	经济性	可操作性	实施难度	综合评价
1					
2					
3					
4					
决策评价	班级： 　　　　　第　　组　　组长签字： 教师签字： 　　　　　日期： 评语：				

4. 迎接客户的实施单

学习情境三	接车/制单服务	
学时	2	
典型工作过程描述	迎接客户	
序号	实施步骤	注意事项
1	门卫引导客户停车 客户车辆到达经销商门卫处,门卫主动出迎,示意客户停车,问候客户并询问来意,根据客户的不同需求,指引至相应的区域。 门卫:先生您好,欢迎光临×××4S经销店,请问您是看车还是进行维护? 客户:进行维护的。 门卫:您那边请,我们的引导员在那里。 客户:好的,谢谢。 门卫回位	
2	引导员引导客户停车 客户车辆到达服务区时,引导员看向车牌,确定该车为预约车辆后,面带微笑,向前一步迎上,引导客户将车辆停至接车区。 引导员仪容整洁,面带微笑,标准站姿,标准引领姿态。 引导员:先生,请您将爱车开到车辆停车位,您那边请。 客户:好的,谢谢。	
3	1.服务顾问迎接客户并询问需求 服务顾问完成预约准备工作后,拿好服务包(防护五件套、交/接车单、抹布、储物袋、笔)、预约标识牌,在接车区等待预约车辆。 服务顾问仪容整洁,面带微笑,标准站姿,预约车辆在接车区停稳后,服务顾问主动迎上,走到主驾车门旁,用左手打开车门后站在预约车辆右侧B柱位置,右手护住车门上沿,防止客户的头与车门上沿碰撞,然后请客户下车。客户下车后,用左手将车门关闭,面向客户进行自我介绍后,根据《预约登记表》信息与客户确认预约项目,并询问是否还有其他需求。如果有,应认真倾听,并详细记录在接/交车单上。 (1)请客户下车。 服务顾问:张先生,请! 客户:好的! (2)自我介绍、确定服务项目。 服务顾问:张先生,你好!(微笑礼仪) 客户:你好! 服务顾问:我是×××(公司名)经销店服务顾问马丽,很高兴为您服务!(握手礼仪)	

续上表

序号	实施步骤	注意事项
3	顾客:微笑,你好。 服务顾问:张先生,根据我们的记录您预约的是(车型)××××,4万里定期维护和更换左前照灯项目,请问除了这些需求外你还有其他需求吗? 顾客:没有。 (3)服务顾问为预约车辆加装"预约"标识牌。 服务顾问:张先生,由于您的车辆是预约车辆,可以直接进入我们的预约通道进入我们事先为您预留的工位进行检修,还可以同时享受优先结算和洗车服务。 顾客:好的。 服务顾问:张先生,下面我为您的爱车放上预约标识牌。 顾客:好的。 2.迎接客户时的注意事项 (1)引导停车和迎接客户时,门卫、引导员和服务顾问要提前检查自身的仪容仪表是否符合规范,要使用规范的接待礼仪接待客户; (2)服务顾问准备好服务包后,应提前3分钟在接车区等待客户; (3)要在客户未停稳车前进行引导,不要站在车辆的正前面或者正后方,以免因客户操作不当而被撞; (4)服务顾问为客户拉开车门时,忌在客户无意图开门的情况下强行拉开车门; (5)对于初次见面的客户,服务顾问可递送自己的名片	
实施说明		

实施评价	班级		第 组		组长签字	
	教师签字		日期			
	评语:					

5. 迎接客户的检查单

学习情境三	接车/制单服务			
学时	0.1			
典型工作过程描述	迎接客户			
序号	检查项目	检查标准	学生自查	教师检查
1	迎接客户的礼仪	模拟动作是否规范		
2	学习迎接客户的话术及流程	话术是否准确、流程是否完整		
检查评价	班级		第 组	组长签字
	教师签字		日期	
	评语:			

6. 迎接客户的评价单

学习情境三	接车/制单服务			
学时	0.1			
典型工作过程描述	迎接客户			
评价项目	评价子项目	学生自评	组内评价	教师评价
作业流程完整性	作业流程是否完整			
作业流程规范性	作业流程是否规范			
7S 管理	是否做到 7S 管理			
评价等级(不及格、及格、良好、优秀)				
综合评价	班级		第 组	组长签字
	教师签字		日期	
	评语:			

（三）环车检查

1. 环车检查的资讯单

学习情境三	接车/制单服务
学时	0.8
典型工作过程描述	环车检查
搜集资讯的方式	线下书籍及线上资源相结合
资讯描述	服务顾问邀请客户一起进行环车检查。环车检查包括车内检查和车外检查。 **1. 车内检查** （1）服务顾问在位置 A（图 3-6）邀请客户一起进行环车检查，并当着客户的面打开左前车门在位置①处，按照脚垫、座椅套、转向盘套、变速杆套和驻车制动杆套的顺序为车辆套上防护五件套。 （2）服务顾问在位置 A 邀请客户到位置 B，请顾客提供维修手册，核实发动机号、底盘号和以前的维修记录，然后请客户坐进副驾驶位。 （3）服务顾问从位置①（图 3-6）处进入驾驶室，与客户一起进行车内检查。车内检查  图 3-6　环车检查位置及顺序 　　服务顾问在车内与客户一起检查车内内饰情况、电子指示系统、舒适系统、油量及里程，记录车辆设置以便交车时回位，并在接车检查单上做记录。检查结束后，邀请客户在接车检查单上签字。下车前，释放发动机舱盖拉锁、行李舱门锁，然后服务顾问下车，垫着抹布关好车门。 **2. 环车检查** 　　服务顾问与客户一起从位置②～⑨按顺时针方向进行环车检查。环车检查时，服务顾问应仔细检查车辆每一处细节，就检查的内容与客户当面确认，及时记录在接车检查单上。环车检查

续上表

| 资讯描述 | (1) 服务顾问下车后走到位置②，依次记录左前车门、左侧车顶、A柱、后视镜等处是否有划痕、凹痕；记录左前车窗、前风窗玻璃、左侧后视镜镜面上是否有裂纹、破损；检查左侧刮水片是否硬化、损坏。
(2) 服务顾问下车后走到位置③，记录左侧翼子板是否有划痕、凹痕，检查左前车轮轮毂是否有划伤，轮胎是否有裂纹、是否起包，轮胎装饰罩是否完好。
(3) 服务顾问走到车头前方位置④，检查发动机舱盖、前保险杠、前照灯及转向灯；打开发动机舱盖，检查油水液面、线束连接、油水管状况等并在接车检查单上做记录。检查时，服务顾问应礼貌阻止客户因好奇将头伸入发动机舱盖内侧，以免发生意外。
(4) 服务顾问走向车身右侧位置⑤，依次记录右前翼子板是否有划痕、凹痕；检查右前车轮轮毂是否有划伤，轮胎是否有裂纹、是否起包，轮胎装饰罩是否完好。
(5) 服务顾问走向车身右侧位置⑥，依次记录右侧A柱、后视镜、车门、车顶等处是否有划痕、凹痕；检查右侧刮水片是否硬化或有裂纹；记录右前风窗玻璃、右侧后视镜镜面上是否有裂纹；打开右前车门检查车内前排装饰有无脏污；在客户同意下打开储物箱，确认储物箱内是否有贵重物品。
环车检查
(6) 服务顾问走向车身后侧位置⑦，依次记录右侧B柱、C柱、右后车门、翼子板是否有划痕、凹坑，记录右后车窗是否有裂纹；检查右后轮轮毂是否有划伤，轮胎是否有裂纹、是否起包，轮胎装饰罩是否完好。
(7) 服务顾问走向车身后侧位置⑧，依次记录行李舱盖、后保险是否有划痕、凹坑；检查后风窗玻璃是否有裂纹。在客户的允许下掀起行李舱盖，检查行李舱内是否有遗留的贵重物品；确认所有随车工具齐全；确认千斤顶妥善固定在原位。
(8) 服务顾问走向车身左后侧位置⑨，依次记录左后翼子板、车门、左侧C柱、B柱是否有划痕、凹坑；记录左后车窗是否有裂纹；检查左后轮轮毂是否有划伤，轮胎是否有裂纹、是否起包，轮胎装饰罩是否完好；打开左后车门检查车内后排装饰有无脏污。
环车检查完成后，服务顾问询问客户是否需要洗车，是否保留旧件，并在交接车单上详细记录。检验完成后，服务顾问填写接车检查表，并经顾客签字确认。
如果服务顾问通过环车检查无法确定故障的原因，则要告知客户需要对车辆进行预检。
3. 环车检查案例
服务顾问邀请客户一起进行环车检查，环车检查包括车内检查和车外检查。
1) 室内检查
(1) 服务顾问在位置A(图3-6)邀请客户一起进行环车检查，并当着客户的面打开左前车门在位置①处，按照脚垫、座椅套、转向盘套、排挡杆套和手制动套的顺序为车辆套上五件套。
位置A话术如下。
服务顾问：张先生，为了更好地了解您爱车的车况及设置，我们将对您的车辆进行环车检查，请问您方便跟我一起进行检查吗？
顾客：方便。
服务顾问：张先生，为了保证您的爱车车内整洁、干净，下面我为您的爱车套上防护五件套，请稍等。 |

续上表

资讯描述	顾客:好的。 (2)服务顾问在位置A邀请客户到位置B,请顾客提供保修手册,核实发动机号,底盘号和以前的维修记录,然后请客户做进副驾驶内。 位置B话术如下。 服务顾问:张先生,麻烦提供一下您的维修手册、行驶证和驾驶证。 顾客:请稍等。 服务顾问:好的。 顾客:给您。 服务顾问:谢谢! 服务顾问:张先生,请收好您的维修手册、行驶证和驾驶证! 顾客:好的。 服务顾问:张先生,请上车! 客户:好的。 (3)服务顾问从位置①(图3-6)处进入主驾驶室,与客户一起进行室内检查。 服务顾问在车内与客户一起检查车内内饰情况、电子指示系统、舒适系统、油量及里程,记录车辆设置以便交车时回位,并在接车检查单上做纪录,检查结束后邀请客户在接车检查单上签字。下车前释放发动机舱盖拉锁、行李舱门锁,然后服务顾问下车,垫着抹布关好车门。 室内检查话术如下。 服务顾问:张先生,下面我们为您的爱车进行车内检查。 顾客:好的。 服务顾问:张先生,您爱车仪表盘的仪表无破损、显示正常;仪表信号灯显示都正常;车辆行驶里程数为39889公里;燃油量是油箱的一半;音响系统、空调系统工作正常;控制面板上的按钮无缺失、破损,且功能操作正常;四个车门的玻璃升降系统工作正常;刮水器系统工作正常;车内内饰无脏污、无破损;电动后视镜系统工作正常。 顾客:嗯。 服务顾问:张先生,车内检查完毕,请您看一下。 顾客:好的。 服务顾问:张先生,如果没有什么问题,请您在这里签字。 顾客:好的。 服务顾问下车前打开发动机舱盖锁、行李舱盖锁和燃油箱盖锁。 2)环车检查 服务顾问与客户一起从位置2-9按顺时针方向进行环车检查工作。环车检查时,服务顾问应仔细检查车辆每一处细节,就检查的内容与客户当面确认,及时记录在接车检查单上。 (1)服务顾问下车后走到位置2,依次记录左前车门、左侧车顶、A柱、后视镜等处是否有划痕、凹痕;记录左前车窗、前风窗玻璃、左侧后视镜镜面上是否有裂纹、破损;检查左侧刮水片是否硬化、损坏。 位置①的话术如下。

续上表

资讯描述	
	服务顾问:张先生,现在我们对您的爱车进行车外检查,请问您方便吗?
	客户:方便。
	服务顾问:好的,您这边请。
	位置②的话术如下。
	服务顾问:张先生,您爱车的左前车门、左侧车顶、A柱、后视镜、发动机舱盖等处无划痕、凹痕;左前车窗、前风窗玻璃、左侧后视镜镜面无裂纹。
	顾客:嗯。
	(2)服务顾问下车后走到位置3,记录左侧翼子板是否有划痕、凹痕;检查左前车轮轮毂是否有划伤,轮胎是否有裂纹、是否起包,轮胎装饰罩是否完好。
	位置③的话术如下。
	服务顾问:张先生您爱车的左侧翼子板无划痕、凹痕;左前车轮轮毂无划伤,轮胎无裂纹、无起包,轮胎装饰罩完好。
	顾客:嗯。
	(3)服务顾问走到前车头前方位置4,检查前发动机舱盖、前保险杠、前照灯及转向灯;打开发动机舱盖,检查油水液面、线束连接、油水管状况等并在接车检查单上做记录。检查时服务顾问应礼貌阻止客户因好奇将头伸入发动机舱盖内侧,以免发生危险。
	位置④的话术如下。
	服务顾问:张先生,您爱车的发动机舱盖、前保险杠、车顶前侧无划痕、凹痕;前风窗玻璃无裂纹;前照灯装饰罩无裂纹无破损。
	顾客:嗯。
	打开发动机舱盖后应检查油水液面、线束连接、油水管状况等,并在接车检查单上做记录,检查时服务顾问应礼貌阻止客户因好奇将头伸入发动机舱盖内侧,以免发生危险。
	服务顾问:张先生,您爱车的机油液位正常,但是机油已经脏了,您看一下,需要更换。
	客户:哦,那就换吧。
	服务顾问:张先生,还是为您更换免费机油吗?
	客户:免费机油好像换的频率比较高,而且我看机油挺脏的。
	服务顾问:张先生,建议您这次对机油做一下升级,升级机油可以降低发动机内部磨损,降低油耗,增加发动机功率!
	客户:哦,升级机油需要加钱吗?
	服务顾问:升级机油需要加128元。
	客户:那好吧,升级一下。
	服务顾问:张先生,机油脏是发动机异常磨损造成的,如果严重可能会造成油路堵塞,我建议您对发动机润滑系统进行一次全面的清洗。
	客户:好吧。
	服务顾问:张先生,冷却液液位正常、制动液液位正常、发动机舱内线束连接正常、油水管路无泄漏。
	顾客:嗯。
	服务顾问:张先生,您爱车的玻璃清洗液不足,请放心,我们的技师会帮你免费添加。
	顾客:好的,谢谢。

续上表

资讯描述	
	服务顾问:张先生,国庆长假您跟家人一起驾车出行吗?
	顾客:是的。
	服务顾问:张先生,马上就要换季了,换季空调内容易滋生细菌,对车上乘坐人员的健康有危害。
	顾客:哦,那怎么处理?
	服务顾问:张先生,建议您做一下空调杀菌,该项目可以杀除空调系统内的细菌,保证您及家人的身体健康。
	顾客:这个项目需要花多少钱?
	服务顾问:300元。
	顾客:好吧。
	(4)服务顾问走向车身右侧位置5,依次记录右前翼子板是否有划痕、凹痕;检查右前车轮轮毂是否有划伤,轮胎是否有裂纹、是否起包,轮胎装饰罩是否完好。
	位置⑤的话术如下。
	服务顾问:张先生,您爱车的右前翼子板无划痕、凹痕;右前轮轮毂无划伤,轮胎无裂纹、起包,轮胎装饰罩完好;车内前排装饰无脏污。
	顾客:嗯。
	(5)服务顾问走向车身右侧位置6,依次记录右侧A柱、后视镜、车门、车顶等处是否有划痕、凹痕;检查右侧雨刷片是否硬化或有裂纹;记录右前车窗玻璃、右侧后视镜镜面上是否有裂纹;打开右前车门检查车内前排装饰有无脏污;在客户同意下打开储物箱,确认储物箱内是否有贵重物品。
	位置⑥的话术如下。
	服务顾问:张先生,您爱车的右侧A柱、后视镜、车门、右侧车顶等处无划痕、凹痕;右前车窗、右侧后视镜镜面上无裂纹;
	顾客:嗯。
	服务顾问:张先生,可以打开您的储物箱吗?(打开储物箱之前要征得客户的同意。)
	顾客:可以。
	服务顾问:您的储物箱内有个黑色钱夹,您可以将您的贵重物品放在我为您准备的储物袋里。
	顾客:好的,谢谢。
	服务顾问:车内前排装饰无脏污。
	顾客:嗯。
	(6)服务顾问走向车身右后侧位置7,依次记录右侧B柱、C柱、右后车门、右后翼子板是否有划痕、凹坑;记录右后车窗是否有裂纹;检查右后轮轮毂是否有划伤,轮胎是否有裂纹、是否起包,轮胎装饰罩是否完好。
	位置⑦的话术如下。
	服务顾问:张先生,您爱车的右侧B柱、C柱、右后车门、翼子板无划痕、凹坑;右后车窗无裂纹;右后轮轮毂无划伤,轮胎无裂纹、起包,轮胎装饰罩完好。
	顾客:嗯。

续上表

资讯描述	(7)服务顾问走向车身后侧位置8，依次记录行李舱盖、后保险是否有划痕、凹坑；检查后风窗玻璃是否有裂纹。在客户的允许下掀起行李舱盖，检查行李舱内是否有遗留的贵重物品；确认所有随车工具齐全；确认千斤顶妥善固定在原位。 位置⑧的话术如下。 服务顾问：张先生，您爱车的行李舱盖、后保险无划痕、凹坑，后风窗玻璃无裂纹。 顾客：嗯。 服务顾问：张先生，可以打开您的行李舱吗？（打开行李舱之前要征得客户的同意。） 顾客：可以。 （掀起行李舱盖后）检查行李舱内是否有遗留贵重物品，随车工具是否齐全。 服务顾问：张先生，您行李舱内没有遗留贵重物品，随车工具齐全，备胎的胎压请您放心，我们的技师会帮您处理。 顾客：谢谢。 (8)服务顾问走向车身左后侧位置9，依次记录左后翼子板、车门，左侧C柱、B柱是否有划痕、凹坑；记录左后车窗是否有裂纹；检查左后轮轮毂是否有划伤，轮胎是否有裂纹、是否起包，轮胎装饰罩是否完好；打开左后车门检查车内后排装饰有无脏污。 位置⑨的话术如下。 服务顾问：张先生，您爱车的左后翼子板部有一处轻微的划痕。 顾客：哦，上次不小心蹭的。 服务顾问：请放心，我们的技师会帮您处理。 顾客：好的。 服务顾问：张先生，您爱车的左后车门、左侧C柱、B柱无划痕、凹坑；左后车窗无裂纹；左后轮轮毂无划伤，轮胎无裂纹、起包，轮胎装饰罩完好；车内后排装饰有无脏污。 (9)环车检查完成后服务顾问询问客户是否洗车，是否保留旧件，在交接车单上详细记录。检验完成后，服务顾问填写接车检查表，并经顾客签字确认。 如果服务顾问通过环车检查，无法确定故障的原因，则要告知客户需要对车辆进行预检
对学生的要求	1.掌握环车检查的项目，了解环车检查的注意事项； 2.在环车检查过程中用规范的礼仪与标准话术与客户交流； 3.能够用规范的仪容和职业的着装修饰自己，提升审美素养，弘扬中华美育精神； 4.整理预约工具、资料，培养6S规范工作习惯，养成学生认真负责的工作态度和严谨的工作作风； 5.在训练过程中应具备团队协作的意识和爱岗敬业的工匠精神、职业精神
参考资料	《汽车维修业务接待》配套微课

2. 环车检查的计划单

学习情境三	接车/制单服务			
学时	0.1			
典型工作过程描述	环车检查			
计划制订的方式	小组讨论			
序号	工作步骤			注意事项
1	环车检查的步骤			
2	环车检查的内容			
3	环车检查的注意事项			
计划评价	班级		第 组	组长签字	
	教师签字		日期		
	评语：			

3. 环车检查的决策单

学习情境三	接车/制单服务				
学时	0.1				
典型工作过程描述	环车检查				
	计划对比				
序号	可行性	经济性	可操作性	实施难度	综合评价
1					
2					
3					
4					
决策评价	班级		第 组	组长签字	
	教师签字		日期		
	评语：				

4. 环车检查的实施单

学习情境三	接车/制单服务	
学时	4	
典型工作过程描述	环车检查	
序号	实施步骤	注意事项
1	搜索资料,制订环车检查单	
2	记录环车检查的接待流程及话术	

续上表

实施说明	
实施评价	班级： 　　　　　第　　组　　组长签字： 教师签字：　　　　　日期： 评语：

5. 环车检查的检查单

学习情境三	接车/制单服务			
学时	0.1			
典型工作过程描述	环车检查			
序号	检查项目	检查标准	学生自查	教师检查
1	环车检查的步骤	步骤是否正确		
2	环车检查的内容	内容是否完整		
3	环车检查的注意事项	叙述是否正确		
检查评价	班级：　　　　　　第　　组　　组长签字： 教师签字：　　　　　日期： 评语：			

93

6. 环车检查的评价单

学习情境三	接车/制单服务			
学时	0.1			
典型工作过程描述	环车检查			
评价项目	评价子项目	学生自评	组内评价	教师评价
作业流程完整性	作业流程是否完整			
作业流程规范性	作业流程是否规范			
评价等级（不及格、及格、良好、优秀）				
综合评价	班级		第 组	组长签字
	教师签字		日期	
	评语：			

（四）协商项目服务

1. 协商项目服务的资讯单

学习情境三	接车/制单服务
学时	0.1
典型工作过程描述	协商项目服务
搜集资讯的方式	线下书籍及线上资源相结合
资讯描述	(1)服务顾问引领客户前往工作台，引客落座，根据《接车检查单》中检查的结果和客户的需求，确定本次维修服务的项目及所用工时，并与客户就其他问题进行有效沟通。 (2)服务顾问向客户介绍本次服务项目，解释各项目作业必要性，预估所需费用与作业时长。 服务顾问与客户沟通无异议之后，准备制订《任务委托书》。 (3)向客户推销产品。 (4)服务顾问在客户预约系统中核实并维护客户信息及车辆档案。 (5)服务顾问将维护项目和相关信息录入客户预约系统，打印《任务委托书》。 (6)服务顾问与客户逐项确认《任务委托书》中的项目后，询问客户对本次维修的内容是否还有疑问或其他需求。如果客户没有，请客户在任务委托书的上签字(服务顾问

协商项目服务

续上表

资讯描述	双手递笔,五指并拢,指向任务委托书签字处)。 (7)填写定期维护单后,将任务委托书、定期维护单、交车检查单、钥匙等放入服务包。 话术如下。 服务顾问:张先生,您的爱车环车检查已经完毕,请您随我到工作台,我为您开具任务委托书。张先生您这边请。 客户:好的。 服务顾问:张先生,维护完后,机油可能有少量的剩余。请问您是带走还是留在店里? 客户:留在店里。 服务顾问:张先生,我们还为您提供免费的洗车服务。 客户:洗一下。 服务顾问:好的,张先生,这是您的环车检查单,请您看一下。 客户:好的。 服务顾问:张先生,如果没有什么问题的话,请在这里签字。 客户:好的。 服务顾问:张先生,我为您解释一下本次维护的内容,您本次预约的维护项目为×××(车型)4万公里定期维护、发动机清洗保护、空调杀菌和更换左前照灯四个项目。机油升级可以降低发动机内部磨损,降低油耗,增加发动机功率。进行发动机清洗保护作业可以清洁您爱车的润滑系统,避免发动机异常磨损造成的油路堵塞,空调杀菌作业可以杀除由于换季而造成空调系统内滋生的细菌,保证您及家人的身体健康。本次维护预计费用800元,其中机油升级备件费为128元,发动机清洗备件费为200元,空调杀菌工时费300元,备件费172元,耗时两个半小时。 客户:嗯。 服务顾问:张先生,请您稍等,我先帮您制订任务委托书。 客户:好的。 服务顾问:张先生,这是我店正在举办的关于国庆小长假来我店做维护的车辆可享免工时费活动的宣传单,活动期间还有小礼品相送。 客户:好的,我看看。 服务顾问:张先生,我再为您详细地解释一下本次维修的全部内容,您本次预约的维护项目为×××(车型)4万公里定期维护、发动机清洗保护、空调杀菌和更换左前照灯四个项目。其中,机油升级项目的备件费为128元,发动机清洗项目的备件费为200元,空调杀菌项目的工时费为300元,备件费为172元,由于您参加了我店的冬日暖阳活动,我们将为您的爱车提供免费四万公里定期维护,总费用为800元,耗时时长为两个半小时,而关于更换左前照灯项目的检修需要我们的维修技师仔细检查确认后方能确定具体增加的时间和费用,那么,如果您没有问题的话,请您帮忙在这里确认签字。 客户:好的
对学生的要求	1.能够完成移车派工、协商维修项目和向客户推销产品等工作; 2.能向客户解释任务委托书上的项目; 3.能够正确填写定期维护单、任务委托书和交/接车检查单; 4.整理预约工具、资料,培养7S规范工作习惯,养成学生认真负责的工作态度和严谨的工作作风; 5.在训练过程中应具备团队协作的意识和爱岗敬业的工匠精神、职业精神
参考资料	《汽车维修业务接待》配套微课

2. 协商项目服务的计划单

学习情境三	接车/制单服务			
学时	0.1			
典型工作过程描述	协商项目服务			
计划制订的方式	小组讨论			
序号	工作步骤			注意事项
1	移车派工			
2	协商维修项目			
3	向客户推销产品			
计划评价	班级		第 组	组长签字
	教师签字		日期	
	评语:			

3. 协商项目服务的决策单

学习情境三	接车/制单服务				
学时	0.1				
典型工作过程描述	协商项目服务				
	计划对比				
序号	可行性	经济性	可操作性	实施难度	综合评价
1					
2					
3					
4					
决策评价	班级		第 组		组长签字
	教师签字		日期		
	评语:				

4. 协商项目服务的实施单

学习情境三	接车/制单服务			
学时	2			
典型工作过程描述	协商项目服务			
序号	实施步骤			注意事项
1	搜索资料,制定任务委托书			
2	记录协商维修项目流程及话术			
实施说明				
实施评价	班级		第 组	组长签字
	教师签字		日期	
	评语:			

5. 协商项目服务的检查单

学习情境三	接车/制单服务			
学时	0.1			
典型工作过程描述	协商项目服务			
序号	检查项目	检查标准	学生自查	教师检查
1	移车派工	动作是否规范		
2	协商维修项目	动作是否规范		
3	向客户推销产品	动作是否规范		
检查评价	班级		第 组	组长签字
	教师签字		日期	
	评语:			

6. 协商项目服务的评价单

学习情境三	接车/制单服务			
学时	0.1			
典型工作过程描述	协商项目服务			
评价项目	评价子项目	学生自评	组内评价	教师评价
作业流程完整性	作业流程是否完整			
作业流程规范性	作业流程是否规范			
评价等级（不及格、及格、良好、优秀）				
综合评价	班级		第 组	组长签字
	教师签字		日期	
	评语：			

（五）安排客户

1. 安排客户的资讯单

学习情境三	接车/制单服务
学时	0.1
典型工作过程描述	安排客户
搜集资讯的方式	线下书籍及线上资源相结合
资讯描述	为了体现对客户的关注与尊重，展现企业工作人员的业务素质，服务顾问与客户签完任务委托书后，安排客户到休息室休息。 1. 带客户到 VIP 室 服务顾问询问客户是否在店等待，如果客户愿意留店等待，服务顾问引领客户到客户休息区，并向客户介绍休息区的设施及各种饮料，并告知客户均可免费享用。如果客户不在店内等候，服务顾问应该为客户准备代步工具。 话术如下。 服务顾问：张先生，您是否留在店内等候维修？ 客户：是的。 服务顾问：那好的，您这边请。

安排客户

续上表

资讯描述	服务顾问:张先生,我们休息区提供免费上网和电视、各种报纸和杂志,您可以随意选择。另外,我们提供的冷饮和热饮,您均可以免费享用。 客户:好的。 2.服务顾问将服务员介绍给客户,并与客户道别 服务顾问:张先生,这是我们的服务员赵敏。 服务员:张先生,您好。 客户:您好。 服务顾问:张先生,您先休息,如果有需要我们再联系。 客户:好的。 3.服务员服务客户 服务员向客户介绍VIP室,并询问客户是否吸烟,如果客户想吸烟,则引领至吸烟区;如果客户不抽烟,则引领客户至休息区。引客落座后询问客户的需求。 服务员:张先生,这边是我们的免费上网区,这边是透明看板,您可以随时观看车辆状况和维修进度,那边是报纸、杂志和电视区,另外,我们还设置了真假备件的展示板,您可以了解一下。张先生,请问您吸烟吗?那边是吸烟区。 客户:谢谢,我不吸烟。 服务员:张先生,那您需要喝点东西吗?我们这里有茶、咖啡、橙汁和矿泉水。 客户:来杯咖啡。 服务员:好的,您稍等。 客户:好的。 服务员:张先生,这是您的咖啡。 客户:好的,谢谢! 服务员:张先生,您还有其他需求吗? 客户:没有。 服务员:张先生我就在隔壁,有事请叫我。 客户:好的。 十分钟后,话术如下。 服务员:张先生,请问你需要续杯吗? 客户:不需要,谢谢。 服务员:好的,张先生,有事请叫我。 客户点头
对学生的要求	1.能够引领客户去VIP室; 2.时刻关注客户需求,能够完成客户接待服务工作; 3.整理预约工具、资料,培养7S规范工作习惯,养成学生认真负责的工作态度和严谨的工作作风; 4.在训练过程中应具备团队协作的意识和爱岗敬业的工匠精神、职业精神
参考资料	《汽车维修业务接待》配套微课

2. 安排客户的计划单

学习情境三	接车/制单服务				
学时	0.1				
典型工作过程描述	安排客户				
计划制定的方式	小组讨论				
序号	工作步骤				注意事项
1	引领客户去 VIP 室				
2	服务客户				
3	7S 整顿、整理工具				
计划评价	班级		第　　组	组长签字	
	教师签字		日期		
	评语：				

3. 安排客户的决策单

学习情境三	接车/制单服务				
学时	0.1				
典型工作过程描述	安排客户				
	计划对比				
序号	可行性	经济性	可操作性	实施难度	综合评价
1					
2					
3					
4					
决策评价	班级		第　　组	组长签字	
	教师签字		日期		
	评语：				

4. 安排客户的实施单

学习情境三	接车/制单服务	
学时	2	
典型工作过程描述	安排客户	
序号	实施步骤	注意事项
1	带客户到 VIP 室 话术：	
2	服务顾问将服务员介绍给客户，并与客户道别 话术：	
3	服务员服务客户 话术：	服务员应介绍＿＿种以上的饮品供客户选择

续上表

序号	实施步骤	注意事项
4	服务顾问回办公室后整理资料	

实施说明	

实施评价	班级		第 组	组长签字	
	教师签字		日期		
	评语：				

5. 安排客户的检查单

学习情境三	接车/制单服务			
学时	0.1			
典型工作过程描述	安排客户			
序号	检查项目	检查标准	学生自查	教师检查
1	引领客户去 VIP 室	话术是否准确		
2	服务客户	服务流程是否完整		
3	整理预约工具	7S 是否做到位		
检查评价	班级		第 组	组长签字	
	教师签字		日期		
	评语：				

6. 安排客户的评价单

学习情境三	接车/制单服务			
学时	0.1			
典型工作过程描述	安排客户			
评价项目	评价子项目	学生自评	组内评价	教师评价
作业流程完整性	作业流程是否完整			
作业流程规范性	作业流程是否规范			
评价等级(不及格、及格、良好、优秀)				
综合评价	班级		第　　组	组长签字
	教师签字		日期	
	评语：			

学习情境四 维修服务

一、维修服务流程辅助表单

1. 学习性工作任务单

学习情境四	维修服务					
学时	6					
典型工作过程描述	准备工作——派工——技师查车——实施维修——增项处理					
学习目标	(一)准备工作的学习目标 1.掌握接待礼仪; 2.熟悉维修服务流程需要的工具、资料。 (二)派工的学习目标 1.能够完成装好服务包、将预约车辆挪到车间门口的工作; 2.能够完成车辆维修派工工作。 (三)技师查车的学习目标 1.能够对照交/接车单完成车内检查; 2.能够对照交/接车单完成车外环车检查。 (四)实施维修的学习目标 1.掌握防护五件套及车辆防护罩正确使用方法; 2.掌握车辆四万公里保养的流程; 3.掌握左前照灯故障检修的步骤。 (五)增项处理的学习目标 1.掌握增项处理与客户沟通的话术; 2.能模拟维修项目变更工作的内容和流程					
任务描述	技师领取维修预约车辆的备件和工具后,对车辆完成维护项目,然后对车辆的故障进行检测,确定故障原因后告知服务顾问车辆检查结果,服务顾问则通过与客户有效沟通完成维修项目变更服务					
学时安排	资讯	计划	决策	实施	检查	评价
	0.8	0.5	0.5	3.2	0.5	0.5

续上表

对学生的要求	1. 能自主学习汽车维修的新知识、新技术； 2. 会查阅维修资料，能通过各种资源查找所需信息； 3. 培养善于观察、独立思考的学习习惯； 4. 具有良好的心理素质和克服困难的能力； 5. 具有较强的表达能力、良好的沟通能力、一定的亲和力和协调组织能力； 6. 具有小组团结、协作能力； 7. 具备顾客至上、全心全意的服务意识； 8. 工作中形成一丝不苟、热情服务的工作态度，养成严格按汽车维修接待流程开展工作的良好习惯
参考资料	《汽车维修业务接待》配套微课

2. 材料工具清单

学习情境四	维修服务			
学时	6			
典型工作过程描述	准备工作——派工——技师查车——实施维修——增项处理			
序号	名称	数量	型号	使用量	使用者
1	电话	1台			
2	计算机（客户管理系统）	1份			
3	交/接车单、任务委托书	1份			
4	维修项目变更申请表	1份			
5	汽车常用件价格表	1份			
6	常规维修保养项目工时费价格表	1份			
7	维修工具、备件	1套			
8	流程及话术	1份			
9	车辆防护罩、车轮挡块	1套			
10	笔	1个			
11	灭火器	1个			
班级		第　　组	组长签字		
教师签字		日期			

3. 教学实施计划单

学习情境四	维修服务				
学时	6				
典型工作过程描述	准备工作——派工——技师查车——实施维修——增项处理				
序号	工作与学习步骤	学时	使用工具	地点	方式	备注
1	准备工作	0.7	—	商务实训室	实操	
2	派工	1.1	服务包、电话、计算机	商务实训室	实操	
3	技师检查车	1.2	服务包（交/接车单、任务委托书、笔、预约登记表）	商务实训室	实操	
4	技师修车	1.1	车辆防护罩、车轮挡块、维修工具、备件、灭火器、维修车辆表	商务实训室	实操	
5	维修项目变更	1.9	维修项目变更申请表、话术、计算机（客户管理系统）、常规维修保养项目工时费价格表、笔	商务实训室	实操	
班级		教师签字		日期		

4. 教学引导文设计单

学习情境四	维修服务 参照系：服务对象					
典型工作过程	普适性工作过程					
	资讯	计划	决策	实施	检查	评价
准备工作	1.掌握维修服务流程应具备的接待礼仪；2.熟悉维修服务流程需要的工具、资料	1.制订本流程需要的礼仪并练习；2.制订本流程需要的工具；3.制订情景演练的训练流程	对比计划可行性、经济性、可操作性、实施难度，确定方案	1.掌握维修服务流程具备的接待礼仪及其规范；2.准备维修服务流程所需要的工具；3.维修服务流程情景演练	1.训练过程中礼仪是否规范；2.情景演练的内容是否完整、话术是否准确	1.作业流程是否完整；2.作业流程是否规范；3.是否做到7S管理

续上表

典型工作过程	普适性工作过程					
	资讯	计划	决策	实施	检查	评价
派工	1. 能够完成装好服务包,将预约车辆挪到车间门口的工作; 2. 能够完成车辆维修保养派工工作	1. 确定服务顾问在服务包里装什么资料; 2. 明确调度派工的步骤	对比计划可行性、经济性、可操作性、实施难度,确定方案	1. 服务顾问装服务包; 2. 服务顾问挪车; 3. 服务顾问给调度服务包; 4. 调度派工	1. 服务包内的资料是否齐全; 2. 服务包的交接流程是否准确	1. 作业流程是否完整; 2. 作业流程是否规范; 3. 是否做到7S管理
技师查车	1. 能够对照交/接车单完成车内检查; 2. 能够对照交/接车单完成车外环车检查	1. 对照交/接车单制订车内检查计划; 2. 对照交/接车单制订车外环车检查计划	对比计划可行性、经济性、可操作性、实施难度,确定方案	1. 对照交/接车单对车辆进行车内检查; 2. 对照交/接车单对车辆进行车外环车检查	1. 车内检查是否完整; 2. 车外检查是否完整	
实施维修	1. 学习车辆四万公里维护的方法; 2. 学习左前照灯故障检修方法; 3. 学习6S规范工作内容,整理维修工具、资料,正确处理维修废件	1. 制订车辆四万公里保养计划; 2. 制订左前照灯故障检修步骤; 3. 整理维修工具、资料,培养6S规范工作习惯	对比计划可行性、经济性、可操作性、实施难度,确定方案	1. 学习车辆四万公里保养项目; 2. 学习左前照灯故障检修的步骤	1. 维修车辆项目是否完整; 2. 车辆故障检修的方法是否正确; 3. 车辆维修过程中操作是否规范	

续上表

典型工作过程	普适性工作过程					
	资讯	计划	决策	实施	检查	评价
增项处理	1.学习制订、填写维修项目变更申请表； 2.学习如何与客户沟通，签订维修项目变更申请表	1.制订维修项目变更申请表； 2.填写维修项目变更申请表； 3.学会维修项目变更话术，并签订维修项目变更申请表	对比计划可行性、经济性、可操作性、实施难度，确定方案	1.制订维修项目变更申请表； 2.填写维修项目变更申请表； 3.签订维修项目变更申请表	1.能否制订准确的维修项目变更申请表； 2.能否规范填写维修项目变更申请表； 3.能否熟练运用相关话术与客户交流，签订维修项目变更申请表	1.作业流程是否完整； 2.作业流程是否规范； 3.是否做到7S管理

5. 分组单

学习情境四	维修服务				
学时	6				
典型工作过程描述	准备工作——派工——技师查车——实施维修——增项处理				
分组情况	组别	组长	组员		
	1				
	2				
	3				
	4				
	5				
	6				
分组说明	根据学生总人数将6名同学分为一大组，本实训环节需要6名同学互相配合完成实训任务，一名同学负责扮演服务顾问，一名同学负责扮演技师，一名同学负责扮演调度，一名同学负责扮演备件管理员，两名同学负责扮演客户，各组组长负责组员分工，并与教师沟通，完成学生自评任务				
班级		教师签字		日期	

6. 教学反馈单

学习情境四	维修服务		
学时	6		
典型工作过程描述	准备工作——派工——技师查车——实施维修——增项处理		
调查项目	序号	调查内容	理由描述
	1	准备工作是否全面	
	2	派工流程是否准确	
	3	技师查车项目是否完整	
	4	技师修车是否规范	
	5	维修项目变更申请表的制定、填写和签订是否准确	

你对本次课程教学的改进意见是：

被调查人姓名		调查日期	

7. 成绩报告单

学习情境四 维修服务流程学习情境（汽车维修业务接待）成绩报告单

学时：6

序号	姓名	维修服务 准备工作			派工			技师查车			实施维修				增项处理			总评
		自评 3%	互评 5%	教师评 10%	自评 3%	互评 5%	教师评 10%	自评 2%	互评 3%	教师评 5%	自评 4%	互评 8%	教师评 12%	合计 24%	自评 6%	互评 9%	教师评 15%	合计 30%	100分
				合计 18%			合计 18%			合计 10%									

班级　　　　　　教师签字　　　　　　日期

8. 思政元素表

学习情境四	维修服务
典型工作案例描述	客户张先生的×××型轿车到×××4S经销店将要进行车辆4万公里定期维护和更换左前照灯项目，为了提高企业工作效率和维修质量及客户对企业的满意度，本流程中，技师、备件管理员和服务顾问应为客户提供哪些服务
案例点评	在维修服务流程中，客户希望其爱车受到专业技术人员的修护，并能保质、保量地按时交车
思政要点	在本流程中要想提高企业的工作效率和维修质量，提高客户的满意度，就应培养学生认真学习专业知识、钻研汽车专业的新工艺、新技术、精益求精，提升自主学习新知识的能力，不断提高技能，培养学生大国工匠精神；使学生在工作中形成一丝不苟，热情服务的工作态度，养成严格按汽车维修接待流程开展工作的良好习惯；学生应学会遇到问题及时与客户沟通，应用自己的专业知识耐心地为客户服务，尊重客户的意见，切实帮客户解决问题
参考资料	《汽车维修业务接待》配套微课，《思想道德修养与法治》

二、维修服务流程主要表单

（一）准备工作

1. 准备工作的资讯单

学习情境四	维修服务
学时	0.1
典型工作过程描述	准备工作
搜集资讯的方式	线下书籍及线上资源相结合
资讯描述	1. 接待客户的礼仪及其规范； 2. 服务包中装入表格； 3. 维修车辆需要的工具及备件
对学生的要求	1. 用标准话术与客户进行有效沟通，完成维修服务流程； 2. 能够查看或确认维修备件的在库情况； 3. 能够用规范的仪容和职业的着装修饰自己，提升审美素养，弘扬中华美育精神； 4. 整理预约工具、资料，培养7S规范工作习惯，养成学生认真负责的工作态度、严谨的工作作风和环保意识； 5. 在训练过程中应具备团队协作的意识和爱岗敬业的工匠精神、职业精神
参考资料	《汽车维修业务接待》配套微课

2. 准备工作的计划单

学习情境四	维修服务		
学时	0.1		
典型工作过程描述	准备工作		
计划制订的方式	小组讨论		
序号	工作步骤		注意事项
1	确定维修服务流程接待客户所需的礼仪及其规范		概括全面
2	确定服务包内应装的资料		准备齐全
3	维修车辆需要的工具及备件		准备齐全
计划评价	班级		第 组	组长签字	
	教师签字		日期		
	评语:				

3. 准备工作的决策单

学习情境四	维修服务				
学时	0.1				
典型工作过程描述	准备工作				
计划对比					
序号	可行性	经济性	可操作性	实施难度	综合评价
1					
2					
3					
4					
决策评价	班级			第 组	组长签字
	教师签字			日期	
	评语:				

4. 准备工作的实施单

学习情境四	维修服务		
学时	0.2		
典型工作过程描述	准备工作		
序号	实施步骤		注意事项
1	总结维修服务流程接待客户所需的礼仪及其规范		总结全面、礼仪规范
2	准备服务包		资料准备齐全
3	准备维修车辆需要的工具及备件		工具、备件准备齐全
实施说明			
实施评价	班级	第 组	组长签字
	教师签字	日期	
	评语：		

5. 准备工作的检查单

学习情境四	维修服务			
学时	0.1			
典型工作过程描述	准备工作			
序号	检查项目	检查标准	学生自查	教师检查
1	维修服务流程接待客户所需的礼仪	总结是否全面,动作是否规范		
2	服务包内应装的资料	是否齐全		
3	准备维修车辆需要的工具及备件	是否齐全		
检查评价	班级		第　组	组长签字	
	教师签字		日期		
	评语:				

6. 准备工作的评价单

学习情境四	维修服务			
学时	0.1			
典型工作过程描述	准备工作			
评价项目	评价子项目	学生自评	组内评价	教师评价
接待礼仪	是否规范			
服务包内的资料	是否齐全			
维修工具及备件	是否齐全			
评价等级(不及格、及格、良好、优秀)				
综合评价	班级		第　组	组长签字	
	教师签字		日期		
	评语:				

（二）派工

1. 派工的资讯单

学习情境四	维修服务
学时	0.1
典型工作过程描述	派工
搜集资讯的方式	线下书籍及线上资源相结合
资讯描述	派工是依据维修技师的工作能力以及工作过程中的约定完工时间,将维修工作及时分派给相应的维修技师的过程。 1.服务顾问将服务包交给调度 (1)服务顾问将客户送至VIP室后,到办公室将预约登记表、交/接车单、任务委托书、维护单依次由下到上放入服务包。 (2)服务顾问完成接车工作后,将预约车辆移到待修区,然后将服务包转交车间调度员。 服务顾问:李调度,预约车辆×××(车牌)已经到达,我已将该车开到待修区,请安排技师,这是该车的服务包。 车间调度员:好的。 2.调度将服务包交给技师 车间调度员根据维修进度管理看板分配任务。 车间调度员:马技师,预约车辆×××(车牌)已经到达,请到我办公室来领取相关资料。 维修技师:好的。 车间调度员:马技师,这是预约车辆×××(车牌)的服务包,请检查。 维修技师:好的。 3.技师检查服务包 技师拿到服务包后,取出包内的预约登记表、交/接车单、任务委托书、维护单,认真查看,确保读懂表格里的信息。 车间调度员:请问还有什么问题吗? 维修技师:没有了。请放心,我会尽量按时交车(检查服务包中的资料是否齐全,包括预约登记表、接车单、委托书、维护单)。
对学生的要求	1.掌握派工环节的步骤; 2.掌握派工环节的话术; 3.能够用规范的仪容和职业的着装修饰自己,提升审美素养,弘扬中华美育精神
参考资料	《汽车维修业务接待》配套微课

2. 派工的计划单

学习情境四	维修服务			
学时	0.1			
典型工作过程描述	派工			
计划制订的方式	小组讨论			
序号	工作步骤			注意事项
1	学习派工环节的步骤			演示完整
2	学习派工环节的话术			话术准确
计划评价	班级		第　　组	组长签字
	教师签字		日期	
	评语：			

3. 派工的决策单

学习情境四	维修服务				
学时	0.1				
典型工作过程描述	派工				
	计划对比				
序号	可行性	经济性	可操作性	实施难度	综合评价
1					
2					
3					
4					
决策评价	班级		第　　组	组长签字	
	教师签字		日期		
	评语：				

4. 派工的实施单

学习情境四	维修服务		
学时	0.6		
典型工作过程描述	派工		
序号	实施步骤		注意事项
1	记录服务顾问将服务包交给调度		
2	记录调度将服务包交给技师		
3	记录技师检查服务包		
实施说明			
实施评价	班级：	第　　组	组长签字
	教师签字	日期	
	评语：		

5. 派工的检查单

学习情境四	维修服务			
学时	0.1			
典型工作过程描述	派工			
序号	检查项目	检查标准	学生自查	教师检查
1	流程	是否按规范步骤演示		
2	话术	是否按标准话术演练		
检查评价	班级		第 组	组长签字	
	教师签字		日期		
	评语：				

6. 派工的评价单

学习情境四	维修服务			
学时	0.1			
典型工作过程描述	派工			
评价项目	评价子项目	学生自评	组内评价	教师评价
流程	步骤规范			
话术	话术标准			
评价等级（不及格、及格、良好、优秀）				
综合评价	班级		第 组	组长签字	
	教师签字		日期		
	评语：				

（三）技师查车

1. 技师查车的资讯单

学习情境四	维修服务
学时	0.2
典型工作过程描述	技师查车
搜集资讯的方式	线下书籍及线上资源相结合
资讯描述	(1)技师对照交/接车单对预约车辆进行室内检查； (2)技师对照交/接车单对预约车辆进行室外检查； (3)技师移车
对学生的要求	1.用标准话术与客户进行有效沟通，注重语言礼仪，发扬中华民族传统美德； 2.养成学生认真负责的工作态度、严谨的工作作风； 3.整理预约工具、资料，培养7S规范工作习惯； 4.在训练过程中应具备团队协作的意识和爱岗敬业的工匠精神、职业精神
参考资料	《汽车维修业务接待》配套微课

2. 技师查车的计划单

学习情境四	维修服务			
学时	0.1			
典型工作过程描述	技师查车			
计划制订的方式	小组讨论			
序号	工作步骤			注意事项
1	技师对照交/接车单对预约车辆进行室内检查			
2	技师对照交/接车单对预约车辆进行室外检查			
3	技师移车			
计划评价	班级		第　　组	组长签字
	教师签字		日期	
	评语：			

3. 技师查车的决策单

学习情境四	维修服务				
学时	0.1				
典型工作过程描述	技师查车				
计划对比					
序号	可行性	经济性	可操作性	实施难度	综合评价
1					
2					
3					
4					
决策评价	班级		第 组	组长签字	
	教师签字		日期		
	评语：				

4. 技师查车的实施单

学习情境四	维修服务	
学时	0.6	
典型工作过程描述	技师查车	
序号	实施步骤	注意事项
1	技师对照交/接车单对预约车辆进行室内检查	
2	技师对照交/接车单对预约车辆进行室外检查	
3	技师移车	

续上表

实施说明					
实施评价	班级		第 组	组长签字	
	教师签字		日期		
	评语：				

5. 技师查车的检查单

学习情境四	维修服务			
学时	0.1			
典型工作过程描述	技师查车			
序号	检查项目	检查标准	学生自查	教师检查
1	室内检查	项目是否完整		
2	室外检查	项目是否完整		
检查评价	班级		第 组	组长签字	
	教师签字		日期		
	评语：				

6. 技师查车的评价单

学习情境四	维修服务			
学时	0.1			
典型工作过程描述	技师查车			
评价项目	评价子项目	学生自评	组内评价	教师评价
室内检查	项目是否完整			
室外检查	项目是否完整			
评价等级（不及格、及格、良好、优秀）				
综合评价	班级		第 组	组长签字	
	教师签字		日期		
	评语：				

（四）实施维修

1. 实施维修的资讯单

学习情境四	维修服务
学时	0.4
典型工作过程描述	实施维修
搜集资讯的方式	线下书籍及线上资源相结合
资讯描述	技师查完车后将车开入维修车间，与其他技师一起对车辆故障进行分析后，实施维护和故障检修工作。 1.技师领料 维修技师：你好张库管，预约车辆×××（车牌）已经到达，请你帮忙出料。 仓库备件管理员：好的，请稍等。 仓库备件管理员：请核对一下备件。 维修技师：好的，没有问题（核对完备件后，在领料单上签字）。 2.技师领工具 维修技师：你好小王，预约车辆×××（车牌）已经到达，请你帮忙取一下维修工具，我需要×××。 资料/工具管理员：好的，请稍等（领完工具后，应在工具交/接单上签字）。 3.四万公里维护车辆 根据四万公里维护单的项目对预约车辆进行维护。 4.左前照灯故障检测 根据故障检修步骤，对预约车辆存在的故障按以下步骤进行检测、修复。

序号	操作内容		操作步骤
1	准备	前期准备	工量具、仪器的检查
2	基本项目	7S管理	1.场地、工具、清理、清扫； 2.工具、仪器使用正确、规范，注意摆放位置； 3.服装整洁、仪容仪表、无手链等
3	故障诊断排除	车辆防护	1.正确安装车内防护三件套； 2.正确安装翼子板布、前格栅布； 3.正确安放车轮挡块； 4.连接尾气回收管
		故障现象确认	1.将点火开关置于ON或ACC挡； 2.检查车辆外观，确认故障现象

续上表

	序号	操作内容	操作步骤
资讯描述	3	故障诊断排除	根据现象，分析检查故障原因 3.根据故障现象，查询电路图，判定故障的可能原因； 4.就车查找故障保险的位置； 5.用万用表测量车辆故障点保险的电阻； 6.检查车辆故障点继电器触电的通断和线圈的电阻； 7.用万用表测量车辆故障点的供电电压，并确定电压值是否正确； 8.正确连接示波器； 9.用示波器查看故障点的波形； 10.判断检测结果，并向服务顾问告知结果
	4	安全、文明、环保操作	遵守安全操作规程，无人身、设备事故
对学生的要求			1.能熟练对车辆进行四万公里维护； 2.能熟练对车辆进行左前照灯故障检测； 3.养成学生认真负责的工作态度、严谨的工作作风； 4.整理预约工具、资料，培养7S规范工作习惯； 5.在训练过程中应具备团队协作的意识和爱岗敬业的工匠精神、职业精神
参考资料			《汽车维修业务接待》配套微课

2. 实施维修的计划单

学习情境四	维修服务		
学时	0.1		
典型工作过程描述	实施维修		
计划制订的方式	小组讨论		
序号	工作步骤		注意事项
1	技师领料、领工具		
2	四万公里保养		
3	左前照灯故障检测		
计划评价	班级	第 组	组长签字
	教师签字	日期	
	评语：		

3. 实施维修的决策单

学习情境四	维修服务				
学时	0.1				
典型工作过程描述	实施维修				
计划对比					
序号	可行性	经济性	可操作性	实施难度	综合评价
1					
2					
3					
4					
决策评价	班级		第 组	组长签字	
	教师签字		日期		
	评语：				

4. 实施维修的实施单

学习情境四	维修服务	
学时	0.6	
典型工作过程描述	实施维修	
序号	实施步骤	注意事项
1	技师领料、领工具	
2	四万公里维护 维修技师应对维护单中规定的维护项目逐一全部完成，并在表单上相应位置做记录	
3	左前照灯故障检测	
实施说明		
实施评价	班级		第 组	组长签字	
	教师签字		日期		
	评语：				

5. 实施维修的检查单

学习情境四	维修服务			
学时	0.1			
典型工作过程描述	实施维修			
序号	检查项目	检查标准	学生自查	教师检查
1	技师领料、领工具	话术是否准确		
2	四万公里维护	是否按规范步骤演示		
3	左前照灯故障检测	是否按规范步骤演示		
检查评价	班级		第 组	组长签字
	教师签字		日期	
	评语：			

6. 实施维修的评价单

学习情境四	维修服务			
学时	0.1			
典型工作过程描述	实施维修			
评价项目	评价子项目	学生自评	组内评价	教师评价
技师领料、领工具	话术准确			
四万公里维护	操作规范			
左前照灯故障检测	操作规范			
评价等级(不及格、及格、良好、优秀)				
综合评价	班级		第 组	组长签字
	教师签字		日期	
	评语：			

(五)增项处理

1. 增项处理的资讯单

学习情境四	维修服务
学时	0.3
典型工作过程描述	增项处理
搜集资讯的方式	线下书籍及线上资源相结合
资讯描述	1. 技师告知服务顾问车辆故障原因 对于维修项目,维修技师根据接/交车单和任务委托书对车辆进行认真检查,仔细分析,准确判断后进行维修作业,发现需要变更维修项目时,维修技师应告知服务顾问。 维修技师:你好,马顾问,我是技师马龙。预约车辆×××(车牌)故障已经检测完毕,请到快修5号工位。 服务顾问:好的。 维修技师:马顾问,经过我们认真检查。预约车辆×××(车牌)左前照灯出现故障,需要更换,另外,左后翼子板部有一处轻微的划痕。 服务顾问:好的,左后翼子板部的划痕需要另增备件和工时吗? 维修技师:不用,用蜡打一下就好,我已经处理了。不过维护时发现该车风窗玻璃清洗液剩余量不多,最好加一瓶。 服务顾问:好的,请稍等。 2. 服务顾问询问备件库存 服务顾问:你好,张库管。预约车辆×××(车牌)左前照灯出现故障,需要更换,请问库房有库存吗?(如果服务顾问对故障有疑问,维修顾问与维修技师应及时沟通) 仓库备件管理员:你好,我查一下。 仓库备件管理员:仓库有库存。 服务顾问:好的,谢谢。 3. 项目变更协商 确定有库存后,服务顾问填写《维修项目变更申请表》,将估价记录到维修变更表中;然后携带《维修项目变更表》前往通知在店的客户,按照项目变更内容,逐项向客户解释,并征询客户意见,必要时,可以引领客户前往现场察看。 服务顾问:张先生,您好!关于您描述的左前照灯故障,经过我们的技师仔细检查,发现是由于左前照灯灯泡损坏导致的,需要更换灯泡,我们仓库有备件,今天可以为您进行维修作业,请问您今天需要修复故障吗? 客户:当然。 服务顾问:张先生,更换灯泡的备件费用为800元,工时费200元,需要费用约为1000元,需要增加半个小时的维修时间。您爱车左后翼子板部的划痕我们的技师已帮您处理,不需要另增备件和工时,另外,在检修的过程中发现您的风窗玻璃清洗液剩余量不

续上表

资讯描述	多,考虑到您未来的使用,建议您添加一瓶,由于您参加了我店"冬日暖阳"活动,我店将为您免费添加,您看可以吗? 客户:好的。 　　与客户确定所有项目的维修意见之后,服务顾问将所有项目及客户意见向客户复述一遍,并请客户在《维修项目变更申请表》中确认签字。 服务顾问:好的,张先生,这是您的《维修项目变更申请表》,请您确认。您本次增加的项目为更换左前照灯灯泡和添加风窗玻璃清洗液一瓶,预估增加工时费为200元,备件费为800元,预估增加总费用为1000元,预估增加时间为半个小时。如果没有疑问的话,请您确认后在这里签字。 客户:好的。 服务顾问:张先生,不打搅您休息了,我现在就去通知维修技师继续修车,完工后,我会及时通知您的(服务顾问向客户礼貌道别)。 客户:好的。 　　对于不在店内等待的客户,服务顾问用客户期待的方式与客户联系并与客户进行沟通,按照维修项目申请表中的内容,逐项向客户做出解释,并征询客户意见,同时,服务顾问使用电话录音或其他有效方式留下客户意见的证明。 　　服务顾问将《维修项目变更申请表》和任务委托书交还原维修技师,服务顾问重新交代任务后,由原维修技师继续维修。 服务顾问:马技师,这是预约车辆×××(车牌)的维修项目变更申请表和任务委托书,客户已同意对该车进行修复。 技师:好的。 4.中间关怀 　　如果维修时间超过一小时,服务顾问至少向客户通报一次维修进度提示(不包括维修前的接车)。 　　1)对于能按时交车的客户 服务顾问:张先生,您好!您的爱车刚做完四万公里的常规维护、发动机清洗保护和空调杀菌项目,马上要进行更换左前照灯作业,预计还需要半个小时左右就能交车了,修理完毕后我会及时通知您。 客户:好的。 　　2)对于不能按时交车的客户 服务顾问:张先生,我们非常抱歉地通知您,您的爱车在维修过程中需要进行详细的检查,不能保证按照原定的时间准时交车,预计还需要一小时才能完成,请您见谅。请您稍等一会,修理完毕后我们会及时通知您取车。 客户:好的。 服务顾问:谢谢您的理解和配合。 5.技师更换左前照灯
对学生的要求	1.学生扮演服务顾问与客户沟通维修项目变更; 2.培养学生爱岗敬业的工匠精神、职业精神
参考资料	《汽车维修业务接待》配套微课

2. 增项处理的计划单

学习情境四	维修服务			
学时	0.1			
典型工作过程描述	增项处理			
计划制订的方式	小组讨论			
序号	工作步骤			注意事项
1	技师告知服务顾问车辆故障原因			话术准确、动作标准
2	服务顾问询问备件库存			话术准确、动作标准
3	项目变更协商			话术准确、动作标准
4	中间关怀			话术准确、动作标准
计划评价	班级		第 组	组长签字
	教师签字		日期	
	评语：			

3. 增项处理的决策单

学习情境四	维修服务			
学时	0.1			
典型工作过程描述	增项处理			
计划对比				
序号	可行性	经济性	可操作性	实施难度	综合评价
1					
2					
3					
4					
决策评价	班级		第 组	组长签字	
	教师签字		日期		
	评语：				

4. 增项处理的实施单

学习情境四	维修服务	
学时	0.9	
典型工作过程描述	增项处理	
序号	实施步骤	注意事项
1	搜索资料,制订维修项目变更申请表	
2	记录增项处理环节的流程和话术	

续上表

实施说明	
实施评价	班级 第 组 组长签字 教师签字 日期 评语：

5. 增项处理的检查单

学习情境四	维修服务			
学时	0.1			
典型工作过程描述	增项处理			
序号	检查项目	检查标准	学生自查	教师检查
1	流程	工作流程是否清晰、准确		
2	话术	话术是否标准		
检查评价	班级 第 组 组长签字 教师签字 日期 评语：			

6. 增项处理的评价单

学习情境四	维修服务			
学时	0.1			
典型工作过程描述	增项处理			
评价项目	评价子项目	学生自评	组内评价	教师评价
流程	工作流程清晰、准确			
话术	话术符合要求			
评价等级（不及格、及格、良好、优秀）				
综合评价	班级		第　　组	组长签字
	教师签字		日期	
	评语：			

学习情境五 质检/结算服务

一、质检/结算服务流程辅助表单

1. 学习性工作任务单

学习情境五	质检/结算服务					
学时	6					
典型工作过程描述	准备工作——维修质量检查——洗车服务——结算——送客					
学习目标	(一)准备工作的学习目标 1. 掌握接待礼仪; 2. 熟悉维修车辆质检、结算服务流程需要的工具、资料。 (二)维修质量检查的学习目标 1. 了解维修中质量检验的重要性; 2. 掌握维修类车辆质检流程。 (三)洗车服务的学习目标 1. 了解洗车服务的重要性; 2. 掌握洗车服务的基本要领。 (四)结算的学习目标 1. 熟悉结算环节的基本流程; 2. 掌握维修类车辆结算环节的话术。 (五)送客的学习目标 1. 掌握送别礼仪; 2. 掌握送客服务的话术及流程					
任务描述	学生熟悉质检/结算服务的流程、话术,并通过情景演练完成维修类车辆质检、维修项目结算费用说明和送客服务环节					
学时安排	资讯	计划	决策	实施	检查	评价
	0.5	0.7	0.5	3.3	0.5	0.5
对学生的要求	1. 能自主学习新知识、新技术; 2. 能通过各种媒体资源查找所需信息; 3. 能够养成善于观察、独立思考的学习习惯; 4. 具有良好的心理素质和克服困难的能力; 5. 具有较强的表达能力、良好的沟通能力、一定的亲和力和协调组织能力; 6. 具有小组团结、协作能力; 7. 具备顾客至上、全心全意的服务意识; 8. 工作中一丝不苟,热情服务,养成严格按汽车维修接待流程开展工作的良好习惯					
参考资料	《汽车维修业务接待》配套微课					

2. 材料工具清单

学习情境五	质检/结算服务				
学时	6				
典型工作过程描述	准备工作——维修质量检查——洗车服务——结算——送客				
序号	名称	数量	型号	使用量	使用者
1	电话	1台			
2	计算机（客户管理系统）	1台			
3	交/接车单、任务委托书维修项目变更申请表	1份			
4	定期维护单、结算单	1份			
5	Pos机、银行卡	1个			
6	信封、出门证、车钥匙	1个			
7	维修工具、备件	1套			
8	流程、话术及笔	1份			
9	车辆防护罩、车轮挡块	1套			
10	洗车工具	1套			
11	打印机	1台			
12	灭火器	1个			
班级		第　　　组		组长签字	
教师签字		日期			

3. 教学实施计划单

学习情境五	质检/结算服务				
学时	6				
典型工作过程描述	准备工作——维修质量检查——洗车服务——结算——送客				
序号	工作与学习步骤	学时	使用工具	地点	方式	备注
1	准备工作	0.6	—	商务实训室	实操	
2	维修质量检查	0.9	服务包、笔、专用工具	商务实训室	实操	
3	洗车服务	2.1	车内防护五件套、专用洗车工具、预约标识牌	商务实训室	实操	
4	结算工作	1.8	笔、计算机、结算单、结算发票、POS机、出门证、银行卡	商务实训室	实操	
5	送客	0.6	车钥匙、预约标识牌	商务实训室	实操	
班级		教师签字		日期		

4. 教学引导文设计单

学习情境五	质检/结算服务流程 参照系：服务对象					
典型工作过程	普适性工作过程					
	资讯	计划	决策	实施	检查	评价
准备工作	1. 掌握质检/结算服务流程具备的接待礼仪； 2. 熟悉维修类车辆质检、结算服务流程需要的工具和资料	1. 制订本流程需要的礼仪，并练习其规范； 2. 制订本流程需要的哪些工具	对比计划可行性、经济性、可操作性，确定方案	1. 质检/结算服务流程具备的接待礼仪及其规范； 2. 准备维修类车辆质检/结算服务流程所需要的工具、资料	1. 练习过程中礼仪是否规范； 2. 情景演练的内容是否完整、话术是否准确	1. 作业流程是否完整； 2. 作业流程是否规范； 3. 是否做到7S管理
维修质量检查	1. 能够完成维修类车辆自检、复检和质检； 2. 能够安排车辆清洗工作； 3. 能够挪车整理、整顿工位	1. 确定维修类车辆自检、复检和质检应检查的项目； 2. 明确安排车辆清洗工作； 3. 确定挪车整理、整顿工位	对比计划可行性、经济性、可操作性、实施难度	1. 技师自检、维修组长复检维修项目； 2. 质量检查员对维修结果质检，并在维修单中签字； 3. 安排车辆清洗工作； 4. 技师挪车整理、整顿工位	1. 车辆质量检验项目是否完整； 2. 维修类车辆情景演练的内容是否完整、话术是否准确	
汽车服务	1. 学习清洗车辆的服务项目； 2. 学习挪车的流程及话术	1. 确定清洗车辆的服务项目； 2. 确定学习挪车的流程及话术	对比计划可行性、经济性、可操作性、实施难度	1. 洗车服务； 2. 洗车工挪车、交服务包； 3. 服务顾问领取服务包	1. 车辆清洗是否干净； 2. 服务包和车辆交接过程是否完整、话术是否准确	

续上表

典型工作过程	普适性工作过程					
	资讯	计划	决策	实施	检查	评价
结算	1. 学习结算时应掌握的理论基础知识； 2. 学习维修类车辆结算的标准流程及话术	1. 制订本流程需要的理论知识； 2. 制订维修类车辆结算服务情景演练的流程及话术	对比计划可行性、经济性、可操作性，确定方案	1. 学习结算时应掌握的理论基础知识； 2. 维修类车辆结算服务流程情景演练	1. 训练过程中礼仪是否规范； 2. 情景演练的内容是否完整、话术是否准确	1. 作业流程是否完整； 2. 作业流程是否规范； 3. 是否做到7S管理
送客	1. 学习送客时应掌握的礼仪基础知识； 2. 学习送客的标准流程	1. 制订本流程需要的礼仪，并练习其规范； 2. 准备送客流程所需要的道具	对比计划可行性、经济性、可操作性，确定方案	1. 服务顾问交钥匙； 2. 服务顾问从车上取下预约标识牌； 3. 门卫送客	1. 训练过程礼仪是否规范； 2. 情景演练的内容是否完整、话术是否准确	

5. 分组单

学习情境五	质检/结算服务			
学时	6			
典型工作过程描述	准备工作——维修质量检查——洗车服务——结算——送客			
分组情况	组别	组长	组员	
	1			
	2			
	3			
	4			
	5			
	6			
分组说明	根据学生总人数将6名同学分为一组。本实训环节需要6名同学互相配合完成实训任务，同学们分别负责扮演服务顾问、客户、质量检验员、洗车组长、洗车工、结算员、接待员、维修技师、维修组长、门卫(由于角色较多，同学们可以担任多个角色)，各组组长负责组员分工，完成学生自评任务，并与教师沟通			
班级		教师签字		日期

6. 教学反馈单

学习情境五	质检/结算服务		
学时	6		
典型工作过程描述	准备工作——维修质量检查——洗车服务——结算——送客		
调查项目	序号	调查内容	理由描述
	1	准备工作是否全面	
	2	维修类车辆质检/结算流程是否完整，话术是否准确	
	3	质量检验员对维修类车辆验车是否规范	
	4	技师洗车流程是否标准	
	5	服务顾问是否按标准服务礼仪和话术与客户交流	
您对本次课程教学的改进意见是：			
被调查人信息		调查日期	

7. 成绩报告单

学习情境五	质检/结算服务 (汽车维修业务接待) 成绩报告单															
学时	6															
序号	姓名	准备工作				维修质量检查				洗车服务				结算				送客				总评
		自评 5%	互评 5%	教师评 5%	合计 15%	自评 5%	互评 5%	教师评 5%	合计 15%	自评 5%	互评 5%	教师评 10%	合计 20%	自评 6%	互评 9%	教师评 15%	合计 30%	自评 5%	互评 5%	教师评 10%	合计 20%	100分
班级					教师签字									日期								

8. 思政元素表

学习情境五	质检/结算服务
典型工作案例描述	客户张先生的×××型轿车到×××4S经销店进行车辆维修,此刻他的爱车正在车间由技师、维修组长和质检员进行质检服务;为了消除客户长时间等待的焦虑,服务顾问每隔一小时到VIP室向客户告知客户车辆的维修进度;车辆质检完毕后,服务顾问邀请客户一起验车,并到工作台为客户详细解释结算单后陪客户一起到结算台完成结算服务环节
案例点评	在质检/结算服务流程中如何实现客户的期望
思政要点	客户的期望就是企业所有工作人员的目标,这一环节中客户希望企业员工用专业、高超的技能将自己爱车维护好,并能被告知准确的车辆维护费用。 要完成这些目标,就要培养学生工作严谨,认真敬业的工作作风和职业素养,培养学生学习过程中学一行、爱一行,作为技师、维修组长和质检员,应认真学习专业知识、钻研汽车专业的专业技术、精益求精,要有大国工匠精神;作为服务顾问,要注重个人礼仪,时刻展示中华民族的传统礼仪,以彰显尊重客户,同时要用自己的专业知识耐心地为客户服务
参考资料	《汽车维修业务接待》配套微课,《思想道德修养与法治》

二、质检/结算服务流程主要表单

（一）准备工作

1. 准备工作的资讯单

学习情境五	质检/结算服务
学时	0.1
典型工作过程描述	准备工作
搜集资讯的方式	线下书籍及线上资源相结合
资讯描述	1. 接待客户的礼仪及规范 本环节服务顾问需要掌握的礼仪有仪容仪表、走姿、站姿、引领和送别礼仪。 送行礼仪是接待工作的最后一个环节,如果处理不好,将影响整体的接待印象,使之前的接待工作前功尽弃。因此,服务顾问在接待客户的过程中,一定要做好送行这最后一步,使客户提高对企业的满意度。 送客时应注意以下几点: (1)送客时应主动与客户握手相别,并送出门或送到楼下。在客户走时无动于衷,或只是点点头、挥挥手客气一下,都是不礼貌的。

续上表

资讯描述	(2)送出门外后,还要用热情友好的语言欢迎客户下次再来。送客时应按照接待时的规格对等送别,不能有头无尾,态度前后相殊。 (3)送客户上车时,要先为客户打开车门,并且用一只手挡在车门的上方,以免客户上车时动作幅度过大磕碰到头部。 (4)汽车发动后,服务顾问要目送客户离开,并挥手告别,直到客户离开自己的视线,不能刚送客户上车自己就转身回去,如图 5-1 所示。  图 5-1 送别客户 2. 服务包中装入表格 服务包内装接/交车单、任务委托书、维修项目变更申请表、定期保养单。 3. 车辆质检/结算需要的工具及备件 车辆防护罩、车轮挡块、抹布、世达工具(一套)及计算机、打印机、pos 机、信封、出门证、银行卡、车钥匙、电话等
对学生的要求	1.用标准话术与客户进行有效沟通,完成质检/结算服务流程; 2.注重语言礼仪,发扬中华民族传统美德; 3.整理预约工具、资料,培养 7S 规范工作习惯,养成学生认真负责的工作态度、严谨的工作作风和环保意识; 4.在训练过程中应具备团队协作的意识和爱岗敬业的工匠精神、职业精神
参考资料	《汽车维修业务接待》配套微课

2. 准备工作的计划单

学习情境五	质检/结算服务
学时	0.1
典型工作过程描述	准备工作
计划制订的方式	小组讨论

续上表

序号	工作步骤	注意事项
1	确定质检/结算服务流程接待客户所需的礼仪规范	概括全面
2	维修车辆质检/结算需要的工具及备件	准备齐全

计划评价	班级		第 组	组长签字	
	教师签字		日期		
	评语:				

3. 准备工作的决策单

学习情境五	质检/结算服务				
学时	0.1				
典型工作过程描述	准备工作				
计划对比					
序号	可行性	经济性	可操作性	实施难度	综合评价
1					
2					
3					
4					
决策评价	班级		第 组	组长签字	
	教师签字		日期		
	评语:				

4. 准备工作的实施单

学习情境五	质检/结算服务		
学时	0.1		
典型工作过程描述	准备工作		
序号	实施步骤		注意事项
1	练习质检/结算服务流程接待客户所需的礼仪,并记录其规范		总结全面、礼仪规范
2	记录车辆质检/结算需要的工具		
实施说明			
实施评价	班级		第　　组	组长签字	
	教师签字		日期		
	评语:				

5. 准备工作的检查单

学习情境五	质检/结算服务			
学时	0.1			
典型工作过程描述	准备工作			
序号	检查项目	检查标准	学生自查	教师检查
1	质检/结算服务流程接待客户所需的礼仪	总结是否全面，动作是否规范		
2	准备维修车辆需要的工具	是否齐全		
检查评价	班级		第 组	组长签字	
	教师签字		日期		
	评语：				

6. 准备工作的评价单

学习情境五	质检/结算服务			
学时	0.1			
典型工作过程描述	准备工作			
评价项目	评价子项目	学生自评	组内评价	教师评价
接待礼仪	是否规范			
维修工具	是否齐全			
评价等级（不及格、及格、良好、优秀）				
综合评价	班级		第 组	组长签字	
	教师签字		日期		
	评语：				

(二) 维修质量检查

1. 维修质量检查的资讯单

学习情境五	质检/结算服务
学时	0.1
典型工作过程描述	维修质量检查
搜集资讯的方式	线下书籍及线上资源相结合
资讯描述	汽车质检是汽车维修过程和维修服务流程中非常重要的一个环节,维修技师将车辆维修结束后,需经过维修技术人员严格的自检、班组组长复检和车间主管/质检技术员的终检,从而保障车辆的维修质量。同时,为了确保在交付车辆时能兑现对顾客的质量承诺,车辆在车间维修完成后,维修接待员在车辆交付前对竣工车辆应进行严格的交车前检查,掌握客户车辆的详细维修细节和车辆状态,确保能让顾客满意。 1. 技师自检 技师修完车后对预约车辆进行自检,完成自检后在维修单上签字。 2. 维修组长复检 技师在维修单上签字后打电话给班组组长,由班组组长进行复检。 维修技师:王组长你好,预约车辆××(车牌)已经维修完毕,请对该车进行复检。 维修组长:好的。 维修技师:王组长,这是该车的服务包。 维修组长:好的。 维修组长接收维修技师移交的车辆和服务包后,依据接/交车单、任务委托书、维修项目变更申请表、定期维护单对车辆进行全面检验。对车辆的维修项目,质量检查员对每辆车至少抽检定期维护单中的3个项目进行检验;对于车辆的维修项目,质量维修组长需要检查全部项目。对于项目检查不合格的车辆,交由技师重新维修;对于维修合格的车辆,维修组长打电话给质量检查员,要求对该车辆进行终检。 3. 质量检查员终检 维修组长:李质检你好,预约车辆××(车牌)已经维修完毕,请对该车进行终检。 质量检查员:好的。 维修组长:李质检,这是该车的服务包。 质量检查员:好的。 质量检查员接收维修技师移交的车辆和服务包后,依据接/交车单、任务委托书、维修项目变更申请表、定期维护单对车辆进行全面检验。对车辆的维修项目,质量检查员对每辆车至少抽检定期维护单中的5个项目进行检验,并在定期维护单的对应质检项目上签名确认;对于车辆的维修项目,质量检查员需要检查全部项目,根据接/交车单、任务委托书、维修项目变更申请表对车辆故障的描述,质量检查员确定是否需要路试。对于终检检查不合格的车辆,质量检查员开具内部返工单,标明不合格项目后,交由原来维修的班组长安排车辆返工;对于质检合格的车辆,质量检查员在任务委托书、定期维护

续上表

资讯描述	单对应的终检栏签字,接着质量检查员将接/交车单、任务委托书、维修项目变更申请表、变更维修项目车辆定期维护单放回服务包,与检验合格的车辆一起交给维修组长。 　　质量检查员:马技师,我已对预约车辆××(车牌)的维修质量进行终检,该车质检合格,可以进入洗车环节。 　　维修组长:好的。 　　4. 预约车辆清洗工作安排 　　维修组长:张组长,预约车辆××(车牌)的维修作业已经完成,请对该车进行清洗工作。 　　洗车组长:好的。 　　洗车组长:小马,预约车辆××(车牌)要进行清洗工作,由你负责。 　　洗车工:好的。 　　5. 技师挪车 　　维修组长将服务包与检验合格的车辆交给维修技师后,维修技师取下车身保护罩,携带服务包将车辆开至洗车房门口,将服务包和车辆交给洗车工。 　　维修技师:小孙你好,预约车辆××(车牌)已经维修完毕,请对该车进行清洗工作,这是该车的服务包。 　　维修组长:好的。 　　6. 技师整理工位、归还工具 　　维修技师回到车间后,处理废旧备件、整理工位及维修设备工具,并归还专用工具。 　　维修技师:你好小王,这是修复预约车辆××(车牌)的维修工具。 　　仓库备件管理员:好的。 　　仓库备件管理员:请在这里签字(仓库备件管理员检查完工具,确保工具没有问题后,要求技师在工具交/接单上签字)。 　　维修技师:好的。 　　7. 质量检查员汇总车辆信息 　　终检结束,质量检查员根据检查的结果,汇总每天的车辆质检记录
对学生的要求	1. 质检服务环节内容完整; 2. 用标准话术完成质检服务; 3. 养成认真负责的工作态度和严谨的工作作风; 4. 处理废件、整理维修工具、资料,培养 7S 规范工作习惯和环保意识; 5. 在训练过程中应具备团队协作的意识和爱岗敬业的工匠精神、职业精神
参考资料	《汽车维修业务接待》配套微课

2. 维修质量检查的计划单

学习情境五	质检/结算服务
学时	0.1
典型工作过程描述	维修质量检查

续上表

计划制订的方式	小组讨论		
序号	工作步骤		注意事项
1	维修质量检查		
2	安排车辆清洗工作		
3	技师挪车、整顿工位、归还工具		
计划评价	班级	第 组	组长签字
	教师签字	日期	
	评语：		

3. 维修质量检查的决策单

学习情境五	质检/结算服务			
学时	0.1			
典型工作过程描述	维修质量检查			
计划对比				
序号	可行性	经济性	可操作性	实施难度	综合评价
1					
2					
3					
4					
决策评价	班级		第 组	组长签字	
	教师签字		日期		
	评语：				

汽车维修业务接待

4. 维修质量检查的实施单

学习情境五	质检/结算服务	
学时	0.4	
典型工作过程描述	维修质量检查	
序号	实施步骤	注意事项
1	情景模拟学习维修质量检查环节,并记录话术	
2	情景模拟安排车辆清洗工作环节,并记录话术	
3	情景模拟技师挪车、整顿工位、归还工具,并记录话术	
实施说明		
实施评价	班级　　　　　　　第　　组　　组长签字 教师签字　　　　　　　日期 评语:	

5. 维修质量检查的检查单

学习情境五	质检/结算服务			
学时	0.1			
典型工作过程描述	维修质量检查			
序号	检查项目	检查标准	学生自查	教师检查
1	维修质量检查	是否按标准流程、话术进行请将模拟		
2	安排车辆清洗工作	是否按标准流程、话术进行请将模拟		
3	技师挪车、整顿工位、归还工具	是否按标准流程、话术进行请将模拟		
检查评价	班级		第 组	组长签字	
	教师签字		日期		
	评语：				

6. 维修质量检查的评价单

学习情境五	质检/结算服务			
学时	0.1			
典型工作过程描述	维修质量检查			
评价项目	评价子项目	学生自评	组内评价	教师评价
作业流程完整性	作业流程、话术是否完整			
作业流程规范性	作业流程、话术是否规范			
7S 管理	是否做到 7S 管理			
评价等级(不及格、及格、良好、优秀)				
综合评价	班级		第 组	组长签字	
	教师签字		日期		
	评语：				

（三）洗车服务

1. 洗车服务的资讯单

学习情境五	质检/结算服务					
学时	0.1					
典型工作过程描述	洗车服务					
搜集资讯的方式	线下书籍及线上资源相结合					
资讯描述	1.准备工作 (1)检查防护五件套完好无损； (2)洗车技工取下预约车辆标识牌； (3)准备洗车工具 2.洗车技工按照标准洗车流程指导手册进行洗车作业					
	顺序	内容	序号	要求	完成情况	是否合格
	一	验车 (2分)	1	环检车辆,检查车辆有无损失和瑕疵	是○ 否○	是○ 否○
	二	车身表面清洁效果 (34分)	1	发动机舱盖漆面	是○ 否○	是○ 否○
			2	前车门(左右)漆面	是○ 否○	是○ 否○
			3	后车门(左右)漆面	是○ 否○	是○ 否○
			4	车顶漆面	是○ 否○	是○ 否○
			5	前翼子板(左右)漆面	是○ 否○	是○ 否○
			6	后翼子板(左右)漆面	是○ 否○	是○ 否○
			7	行李舱盖漆面	是○ 否○	是○ 否○
			8	前中网	是○ 否○	是○ 否○

续上表

顺序	内容	序号	要求	完成情况		是否合格
资讯描述	二 车身表面清洁效果（34分）	9	刮水片	是○	否○	是○ 否○
		10	牌照(前后)	是○	否○	是○ 否○
		11	车标、车灯	是○	否○	是○ 否○
		12	油箱盖	是○	否○	是○ 否○
		13	中网	是○	否○	是○ 否○
		14	裙边	是○	否○	是○ 否○
		15	底边	是○	否○	是○ 否○
		16	门把手缝	是○	否○	是○ 否○
	三 车轮部分清洁效果（14分）	1	轮弧内侧	是○	否○	是○ 否○
		2	轮辋	是○	否○	是○ 否○
		3	轮胎侧面	是○	否○	是○ 否○
		4	螺栓孔	是○	否○	是○ 否○
	四 发动机舱清洁效果（6分）	1	流水水槽	是○	否○	是○ 否○
		2	防尘罩	是○	否○	是○ 否○
		3	进风口	是○	否○	是○ 否○

续上表

顺序	内容	序号	要求	完成情况		是否合格
资讯描述	五 全车室内清洁效果（28分）	1	仪表台	是○	否○	是○否○
		2	通风口	是○	否○	是○否○
		3	前台储物盒	是○	否○	是○否○
		4	门板储物盒	是○	否○	是○否○
		5	B柱前门上角	是○	否○	是○否○
		6	扶手箱及座椅滑道	是○	否○	是○否○
		7	座椅	是○	否○	是○否○
		8	行李舱	是○	否○	是○否○
		9	天窗边	是○	否○	是○否○
		10	门边、脚踏板	是○	否○	是○否○
		11	地胶	是○	否○	是○否○
		12	烟灰缸	是○	否○	是○否○
		13	脚垫及脚垫区域	是○	否○	是○否○

续上表

顺序	内容	序号	要求	完成情况	是否合格
六	全车玻璃清洁效果（12分）	1	前风窗玻璃	是〇 否〇	是〇 否〇
		2	车前门玻璃	是〇 否〇	是〇 否〇
		3	车后门玻璃	是〇 否〇	是〇 否〇
		4	后风窗玻璃	是〇 否〇	是〇 否〇
		5	化妆镜	是〇 否〇	是〇 否〇
		6	后视镜、镀铬件、玻璃边缝	是〇 否〇	是〇 否〇
七	安全与管理（4分）	1	安全操作、场地清理、工具归位	是〇 否〇	是〇 否〇

洗车组长签字：　　　　　　　　洗车工签字：

资讯描述

洗车工洗好车后在洗车单上签字确认,然后打电话给洗车组长。

3.洗车组长对洗好车辆进行洗车质量检查后在洗车单上签字

洗车工将车挪到交车区,并将服务包和预约车辆交给移车员。

洗车合格后将车交付移车员,移车员将车移至交车区,车头向外停放,并将服务包转交接待员,由接待员通知原接待服务顾问。

洗车工:王组长你好,预约车辆×××(车牌)已经清洗完毕,请对该车的清洗工作进行检查。

洗车组长:好的。

洗车组长:车洗得很干净(洗车组长检查完车辆后在洗车单上签名,并将预约标示牌放在车顶上)。

洗车组长给接待员打电话,由接待员通知移车员将预约车辆×××(车牌)移至交车区,车头向外停放。

洗车组长:小陈你好,预约车辆×××(车牌)已清洗干净,请将该车开至交车区。

接待员:好的。

接待员:小王,预约车辆×××(车牌)已清洗干净,请将该车开至交车区。

移车员:好的。

移车员:小陈,这是预约车辆×××(车牌)的服务包。

接待员:好的。

续上表

资讯描述	4.服务顾问领取服务包、验车 接待员:马顾问你好,车辆×××(车牌)车已维修完毕,请到服务台领取该车的服务包。 服务顾问:好的。 接待员:马顾问这是该车的服务包。 服务顾问:好的。 服务顾问到接待员处取完工后的服务包前往交车区,服务顾问从服务包取出交/接车单、任务委托书、维修项目变更申请表、定期维护单,对照项目对车辆进行检查。车辆检查合格后,服务顾问恢复车辆设置至接车状态,填写确认接/交车单中的交车检查项目,然后携带服务包回到办公室,在客户管理系统中确认完工审核,对照服务包内单据中的内容检查维修项目、完工时间和客户其他需求,打印结算单
对学生的要求	1.熟悉洗车服务环节的项目; 2.掌握洗车环节的流程和话术; 3.注重个人仪容仪表,发扬中华民族传统美德; 4.整理专用工具、资料,培养6S规范工作习惯,养成学生认真负责的工作态度和严谨的工作作风; 5.在训练过程中应具备团队协作的意识和爱岗敬业的工匠精神、职业精神
参考资料	《汽车维修业务接待》配套微课

2. 洗车服务的计划单

学习情境五	质检/结算服务			
学时	0.2			
典型工作过程描述	洗车服务			
计划制订的方式	小组讨论			
序号	工作步骤			注意事项
1	掌握洗车服务的检查项目,并按照规范洗车			概括全面
2	熟悉洗车服务环节的流程、话术,并正确填写洗车单和结算单			情景模拟完整、准确
计划评价	班级		第 组	组长签字	
	教师签字		日期		
	评语:				

3. 洗车服务的决策单

学习情境五	质检/结算服务				
学时	0.1				
典型工作过程描述	洗车服务				
计划对比					
序号	可行性	经济性	可操作性	实施难度	综合评价
1					
2					
3					
4					
决策评价	班级		第　组	组长签字	
	教师签字		日期		
	评语：				

4. 洗车服务的实施单

学习情境五	质检/结算服务	
学时	1.5	
典型工作过程描述	洗车服务	
序号	实施步骤	注意事项
1	洗车服务准备工作	

续上表

序号	实施步骤	注意事项
2	按照标准洗车流程绘制洗车单	
3	模拟洗车流程,并记录其话术	
4	搜索资料,绘制结算单	

续上表

实施说明	
实施评价	班级 / 第 组 / 组长签字 / 教师签字 / 日期 / 评语:

5. 洗车服务的检查单

学习情境五	质检/结算服务			
学时	0.1			
典型工作过程描述	洗车服务			
序号	检查项目	检查标准	学生自查	教师检查
1	学习洗车服务环节的步骤	是否按照规范步骤演练		
2	学习洗车服务环节的话术	是否按标准话术演练		
检查评价	班级 / 第 组 / 组长签字 / 教师签字 / 日期 / 评语:			

6. 洗车服务的评价单

学习情境五	质检/结算服务			
学时	0.1			
典型工作过程描述	洗车服务			
评价项目	评价子项目	学生自评	组内评价	教师评价
流程完整、规范	步骤规范			
话术准确	话术标准			
评价等级（不及格、及格、良好、优秀）				
综合评价	班级		第 组	组长签字
	教师签字		日期	
	评语：			

（四）结算

1. 结算的资讯单

学习情境五	质检/结算服务
学时	0.1
典型工作过程描述	结算
搜集资讯的方式	线下书籍及线上资源相结合
资讯描述	1.结算的理论知识 (1)结算方式。 结算的付款方式有支票、本票、汇票、信用卡。 (2)发票。 发票是指客户在购销商品、接受服务以及从事其他的经营活动中，开具、收取的收付款项凭证。现行税制发票分为普通发票和增值税专用发票两大类。普通发票是企业内部记账和客户的消费凭证。增值税专用发票是为加强增值税的征收管理，根据增值税的特点而设计的，专供增值税一般纳税人销售货物或应税劳务使用的一种特殊发票。增值税专用发票只限于经税务机关认定的增值税一般纳税人领购使用。 (3)折扣。 折扣是销售方为获得更多的利益收入而主动采取的一种价格减免，属于企业促销手

续上表

资讯描述	段的一种,分为现金折扣和商业折扣。现金折扣是企业为激励客户在规定期限内付款而向客户提供的金额扣除,在折扣期限内付款时,客户可减少支付部分货款。商业折扣是指企业为促进服务销售,鼓励客户经常来店消费,当客户累计消费达到一定的限额或一次性消费额满规定限额的时候,企业按照比例消费额的减免。 (4)折让。 　　折让即销售折让,是指企业因提供的服务存在重大缺陷导致客户抱怨,而在收费时给予客户的费用减让。折让的这种价格让步是一种企业的被动让步,一般客户占据主动权,让步的程度由双方根据实际情况进行协商确定。当协商无果时,往往会导致客户投诉。 　　2.结算环节流程 　　(1)服务顾问打印结算单后去VIP室告知客户维修车辆维修完成。 　　服务顾问:张先生,很高兴地通知您,您的爱车已完成维修作业。 　　客户:好的。 　　(2)服务顾问邀请客户一起验车。 　　服务顾问:张先生,方便跟我一起去交车区验车吗? 　　客户:方便。 　　①服务顾问起身引领客户前往交车区,并向客户展示维修的情况。 　　服务顾问:张先生,您本次预约的维护项目为×××(车型)4万公里定期维护、发动机清洗保护、空调杀菌和更换左前照灯四个项目,经过我们全面细致的检查,维护项目已经全部按要求完成。同时,我们对您的车辆进行了免费的外观清洗和内饰吸尘,并对您车内的主要设置进行了恢复。另外,您的旧件已按环保要求进行了处理,稍后我们会为您展示一下本次维护的重点项目,我先帮您取一下车辆的防护五件套。 　　客户:好的。 　　②服务顾问选择维修车辆、维修的重点内容为客户详细说明。 　　服务顾问:张先生,下面我们看一下机油的情况,您爱车机油的液位完全在标准的范围之内,机油会起到润滑和冷却的作用,定期更换会保证您的发动机性能一直处在最优的状态,剩余的机油已经按照您的要求帮您处理,您再看一下风窗玻璃清洗液我们已经帮您加满,我们对您的发动机润滑系统已经进行了全面的清洗,今后在车辆的使用过程中可以避免发动机异常磨损造成的油路堵塞。空调杀菌项目我们也已经完成,由于换季空调系统内易滋生细菌,对车上的乘坐人员的健康有危害,空调杀菌服务可以消除空调系统内的细菌,保证您及家人的健康,至于左前照灯故障,我们的技师也已经帮您处理好了。张先生,请问您还有什么疑问和其他的需求吗? 　　客户:没有。 　　服务顾问:好的,我们先到服务台,我再为您详细地介绍下本次的费用,您这边请。 　　客户:好的。 　　(3)服务顾问向客户解释维护单和结算单上的内容,并请客户确认。 　　服务顾问依次将定期维护单、维修项目变更申请表、交/接车单、任务委托书和结算单一并置入客户面前,逐一向客户进行解释,对结算单的项目及费用进行重点介绍,请客户确认。同时,向客户说明本次维修的免费增值维修项目,如免费清洗空调、免费维护等。 　　服务顾问:张先生,这是您本次车辆维修的结算单,请您看一下。

续上表

资讯描述	客户:好的。 服务顾问:您本次预约的维修项目为×××(车型)4万公里定期维护、发动机清洗保护、空调杀菌和更换左前照灯四个项目。其中,机油升级项目的备件费为128元,发动机清洗保护项目备件费为200元,空调杀菌工时费为300元、备件费为172元,更换左前照灯工时费为200元、备件费为800元,由于您参加了我店的"冬日暖阳"活动,所以,我店免费为您的爱车进行四万公里定期维护和添加风窗玻璃清洗液,总费用共计1800元。实际维修费用和维修时间和以前估计的基本一致,同时,对您的爱车我们进行了免费的全方位的清洗和检测,确保您的爱车的使用性能和用车安全。 服务顾问:张先生,请问您对结算单的解释还有什么疑问吗? 客户:没有。 服务顾问:那请帮忙在这里签个字好吗? 客户:好的。 (4)服务顾问主动解释下次维护时间、维护里程及预约服务。 服务顾问:张先生,按照您的用车习惯呢,您的爱车下次维护时间大约在十二月底,下次维护里程为47500公里,我们的客服专员会及时提醒您维护时间,您也可以拨打我们的预约电话××××—××××××。这样我们为您提前安排好服务顾问并预留工位,提高服务效率。 客户:好的。 (5)为客户提供本人预约电话和24小时救援热线。 服务顾问双手递上自己的名片,并欢迎随时联系服务顾问本人,提供本人预约电话和24小时救援热线(名片礼仪)。 服务顾问主动告知客户,企业将在48小时内进行满意度回访,并询问客户方便接听电话的具体时间。 服务顾问:您好,张先生,为了进一步提升服务品质,我们的客服专员将在48小时内对您进行一次服务满意度的回访,请问您什么时候方便接听电话? 客户:随时。 服务顾问:好的(当得知确切时间后,服务顾问立即上传到客户关系管理系统)。 服务顾问:张先生,我把我的名片订在结算单上,上面有我们的预约电话和24小时服务热线,还有我的联系电话,您在以后的用车过程当中,如果有需求的话,随时和我电话联系,好吗? 客户:好的。 服务顾问提醒客户结算单和结算发票为索赔时的凭证,请妥善保管。 服务顾问:张先生,结算单和结算发票是索赔时的凭证,请妥善保管。 客户:好的。 服务顾问:请您再确认一下接/交车单的信息,如果没有疑问的话,请您帮忙给予评价并确认后签字。 客户:好的。 服务顾问:那好,张先生,请随我到收银台办理结算。 客户:好的。

续上表

资讯描述	服务顾问引领客户到收银台,结算员根据计算机系统里的结算单面带微笑告诉客户×××(车牌)的维修费用,并开具结算发票。 服务顾问:张先生,这位是我们的结算员小李。 结算员:张先生您好! 客户:您好! 服务顾问:小李,请为张先生办理结算手续,这是他的结算单。 结算员:好的。张先生,您本次维修的总费用为1800元,请问您是刷卡还是交现金? 客户:刷卡。 结算员:好,张先生,请您向我提供一下您的银行卡。 客户:好的。 结算员面带微笑,双手接回客户的银行卡。 结算员:张先生,您本次总费用是1800元。请您确认一下,没有问题的话,您帮我输一下密码,并按确认键。 客户:好的。 结算员从POS机打出费用明细单,并告知客户维修总费用。 结算员:张先生,这是您本次维修的费用共计1800元,其中工时费500元,备件费为1300元。 客户:嗯。 结算员:如果没有什么问题,麻烦您帮我签一下字。 客户:好的。 结算员:张先生,您的发票是开具公司的还是个人的? 客户:个人的。 结算员:好,开具发票。 客户:好的。 结算员开具出门证,面带微笑,目视客户,双手递交出门证。 结算员:张先生,请稍等,给您开具出门证。 客户:嗯,好的。 收银员:张先生,这是您的发票、银行卡、消费明细和出门证,请确认。 客户:没有问题。 结算员:那我帮您放到您的信封里。 客户:好的。 结算员:很高兴为您服务。 客户:再见。
对学生的要求	1. 了解维修车辆质检/结算服务的礼仪; 2. 掌握结算环节时的基本流程; 3. 能够用规范的仪容和职业的着装修饰自己,提升审美素养,弘扬中华美育精神; 4. 整理预约工具、资料,培养7S规范工作习惯,养成学生认真负责的工作态度和严谨的工作作风; 5. 在训练过程中应具备团队协作的意识和爱岗敬业的工匠精神、职业精神
参考资料	《汽车维修业务接待》配套微课

2. 结算的计划单

学习情境五	质检/结算服务			
学时	0.2			
典型工作过程描述	结算			
计划制订的方式	小组讨论			
序号	工作步骤			注意事项
1	维修类车辆结算环节流程是否完整			
2	维修类车辆结算环节话术是否准确			
计划评价	班级		第　组	组长签字
	教师签字		日期	
	评语：			

3. 结算的决策单

学习情境五	质检/结算服务				
学时	0.1				
典型工作过程描述	结算				
	计划对比				
序号	可行性	经济性	可操作性	实施难度	综合评价
1					
2					
3					
4					
决策评价	班级		第　组		组长签字
	教师签字		日期		
	评语：				

4. 结算的实施单

学习情境五	质检/结算服务	
学时	1.2	
典型工作过程描述	结算	
序号	实施步骤	注意事项
1	记录服务顾问打印结算单后去VIP室告知客户维修车辆维修完成环节服务的话术	
2	记录服务顾问邀请客户一起验车和解释结算单的话术	
3	记录结算员结算的话术	

续上表

实施说明	
实施评价	班级　　　　　　　第　组　　组长签字 教师签字　　　　　　日期 评语：

5. 结算的检查单

学习情境五	质检/结算服务			
学时	0.1			
典型工作过程描述	结算			
序号	检查项目	检查标准	学生自查	教师检查
1	结算环节流程	结算环节流程是否完整		
2	维修类车辆结算环节话术	结算环节话术是否准确		
检查评价	班级　　　　　　　第　组　　组长签字 教师签字　　　　　　日期 评语：			

6. 结算的评价单

学习情境五	质检/结算服务			
学时	0.1			
典型工作过程描述	结算			
评价项目	评价子项目	学生自评	组内评价	教师评价
作业流程完整性	作业流程是否完整			
作业流程规范性	作业流程是否规范			
评价等级(不及格、及格、良好、优秀)				
综合评价	班级		第　　组	组长签字
	教师签字		日期	
	评语：			

（五）送客

1. 送客的资讯单

学习情境五	质检/结算服务
学时	0.1
典型工作过程描述	送客
搜集资讯的方式	线下书籍及线上资源相结合
资讯描述	1.服务顾问送别客户 (1)服务顾问引领客户前往交车区,打开车门后,将车钥匙交给客户。 (2)服务顾问取下预约车辆标识牌。 服务顾问:张先生,这是您的车钥匙。 客户:谢谢。 服务顾问:张先生,现在为您取下车辆预约标识牌。 客户:好的。 (3)打开车门,待客户上车后微笑向客户道别。 服务顾问:张先生,祝您用车愉快,再见! 客户:再见! (4)关上车门,目送客户,挥手告别。

续上表

资讯描述	关上驾驶室车门,后退一步,微笑,挥手送别客户,直至客户从视线中消失后再离去。 (5)服务顾问整理接待工具和客户资料。 待客户上车后微笑向客户道别,并为客户关上车门,挥手致意,待客户走远后方可离开。 2.门卫送别客户 待车辆驶近门卫时,门卫主动微笑并点头示意客户停车,门卫走向客户并双手取回出门证,检查无误后,门卫后退一步,示意客户朝向出口方向挥手道别。 门卫:您好,先生,请您出示一下出门证。 客户:好的,给您。 门卫:谢谢,祝您用车愉快。 客户:好,谢谢。
对学生的要求	1.能够用规范的仪容和职业的着装修饰自己,提升审美素养,弘扬中华美育精神; 2.能够根据标准话术和服务礼仪送别客户; 3.养成认真负责的工作态度和严谨的工作作风; 4.整理预约工具、资料,培养7S规范工作习惯; 5.在训练过程中应具备团队协作的意识、爱岗敬业的工匠精神、职业精神
参考资料	《汽车维修业务接待》配套微课

2. 送客的计划单

学习情境五	质检/结算服务			
学时	0.1			
典型工作过程描述	送客			
计划制订的方式	小组讨论			
序号	工作步骤			注意事项
1	客户接待礼仪			动作规范
2	送客的话术及流程			话术标准、流程完整
计划评价	班级		第 组	组长签字
	教师签字		日期	
	评语:			

3. 送客的决策单

学习情境五	质检/结算服务			
学时	0.1			
典型工作过程描述	送客			
计划对比				
序号	可行性	经济性	可操作性	实施难度	综合评价
1					
2					
3					
4					
决策评价	班级		第 组	组长签字	
	教师签字		日期		
	评语：				

4. 送客的实施单

学习情境五	质检/结算服务
学时	0.1
典型工作过程描述	送客
序号	实施步骤	注意事项
1	记录送客环节的流程	

续上表

序号	实施步骤	注意事项
2	记录送客环节的话术	
3	模拟送客环节	

实施说明	

实施评价	班级		第　组	组长签字	
	教师签字		日期		
	评语：				

5. 送客的检查单

学习情境五	质检/结算服务			
学时	0.1			
典型工作过程描述	送客			
序号	检查项目	检查标准	学生自查	教师检查
1	客户接待礼仪	模拟动作是否规范		
2	送客的话术及流程	话术是否准确、流程是否完整		
检查评价	班级		第 组	组长签字
检查评价	教师签字		日期	
检查评价	评语：			

6. 送客的评价单

学习情境五	质检/结算服务			
学时	0.1			
典型工作过程描述	送客			
评价项目	评价子项目	学生自评	组内评价	教师评价
作业流程完整性	作业流程是否完整			
作业流程规范性	作业流程是否规范			
7S 管理	是否做到 7S 管理			
评价等级(不及格、及格、良好、优秀)				
综合评价	班级		第 组	组长签字
综合评价	教师签字		日期	
综合评价	评语：			

学习情境六 跟踪服务

一、跟踪服务流程辅助表单

1. 学习性工作任务单

学习情境六	跟踪服务				
学时	4				
典型工作过程描述	准备工作——回访话术——关怀客户——抱怨处理——统计分析				
学习目标	（一）准备工作的学习目标 1.了解跟踪准备工作的重要性； 2.掌握准备工作的基本内容； 3.学会规范的仪容仪表礼仪，并掌握电话回访的规范。 （二）回访话术的学习目标 1.了解进行回访的重要性； 2.掌握回访应采用的回访话术，制作跟踪回访登记表。 （三）关怀客户的学习目标 1.了解关怀客户的重要性； 2.掌握关怀客户的方法。 （四）抱怨处理的学习目标 1.了解抱怨处理的重要性； 2.掌握抱怨处理的方法。 （五）统计分析的学习目标 1.整理电话回访记录，完成跟踪回访登记表； 2.将电话回访记录录入系统，进行汇总分析； 3.对投诉产生的问题进行整理、分析、上报				
任务描述	学生扮演客服专员与维修车辆的车主，客服专员用专业的话术通过打电话回访客户，完成回访跟踪服务流程的工作任务				
学时安排	资讯	计划	决策	实施	检查	评价
	0.5	0.5	0.5	1.5	0.5	0.5

续上表

对学生的要求	1. 能够用规范的仪容和职业的着装修饰自己，提升审美素养，弘扬中华美育精神； 2. 能够根据场合进行穿戴，并用微笑、坐姿、电话等规范礼仪与客户交流； 3. 能够根据客户需求，用标准话术给客户打电话，完成跟踪服务流程； 4. 能够正确制订、填写跟踪回访登记表； 5. 注重个人仪容仪表，发扬中华民族传统美德； 6. 整理跟踪服务工具、资料，培养7S规范工作习惯，养成学生认真负责的工作态度和严谨的工作作风； 7. 在训练过程中应具备团队协作的意识和爱岗敬业的工匠精神、职业精神
参考资料	《汽车维修业务接待》配套微课

2. 材料工具清单

学习情境六	跟踪服务			
学时	4			
典型工作过程描述	准备工作——回访话术——关怀客户——抱怨处理——统计分析			
序号	名称	数量	型号	使用量	使用者
1	电话	3台			
2	计算机(客户关系管理系统)	3台			
3	跟踪回访话术	3份			
4	跟踪回访登记表	3份			
5	纸、笔	3份			
班级		第 组	组长签字		
教师签字		日期			

3. 教学实施计划单

学习情境六	跟踪服务				
学时	4				
典型工作过程描述	准备工作——回访话术——关怀客户——抱怨处理——统计分析				
序号	工作与学习步骤	学时	使用工具	地点	方式	备注
1	准备工作	0.8	电话、计算机(客户管理系统)、车辆维修单	商务实训室	实操	
2	回访话术	0.8	回访记录表、纸、笔	商务实训室	实操	

续上表

序号	工作与学习步骤	学时	使用工具	地点	方式	备注
3	关怀客户	0.8	计算机（客户管理系统）、纸、笔	商务实训室	实操	
4	抱怨处理	0.8	计算机（客户管理系统）、纸、笔	商务实训室	实操	
5	统计分析	0.8	计算机（客户管理系统）、纸、笔	商务实训室	实操	
班级		教师签字		日期		

4. 教学引导文设计单

学习情境六	跟踪服务 参照系：服务对象					
典型工作过程	普适性工作过程					
	资讯	计划	决策	实施	检查	评价
准备工作	1.学习维修车辆跟踪服务的重要性； 2.学习回访前准备工作	1.掌握维修车辆跟踪回访的重要性； 2.掌握正确的维修车辆跟踪回访话术	对比计划可行性、经济性、可操作性，确定方案	1.维修车辆跟踪服务的重要性； 2.回访前应做哪些准备工作	1.理论知识是否掌握； 2.准备工作室都齐全	1.作业流程是否完整； 2.作业流程是否规范
回访话术	学习维修车辆跟踪回访中的话术	1.掌握维修车辆跟踪回访中的话术； 2.了解维修类车辆的话术应包括哪些内容	对比计划可行性、经济性、可操作性、实施难度	1.维修车辆跟踪回访中的话术； 2.维修车辆客户的话术应包括哪些内容	1.话术是否准确； 2.环节流程是否完整	1.作业流程是否完整； 2.作业流程是否规范； 3.是否做到7S管理
关怀客户	学习维修车辆跟踪回访中关怀客户方法	1.掌握维修车辆跟踪回访关怀客户的方式； 2.掌握关怀客户的话术	对比计划可行性、经济性、可操作性、实施难度	1.学习维修车辆跟踪回访关怀客户的方式； 2.学习关怀客户的话术	1.是否掌握维修车辆跟踪回访关怀客户的方式； 2.是否掌握维修车辆跟踪回访关怀客户的话术	

续上表

典型工作过程	普适性工作过程					
	资讯	计划	决策	实施	检查	评价
抱怨处理	1. 学习维修车辆跟踪回访环节中投诉异议处理方式； 2. 学习投诉异议处理话术	1. 掌握维修车辆跟踪回访中投诉异议处理方式； 2. 掌握投诉异议处理的话术； 3. 了解投诉异议处理的注意事项	对比计划可行性、经济性、可操作性、实施难度	1. 学习维修车辆跟踪回访中投诉异议处理方式； 2. 学习投诉异议处理的话术； 3. 了解投诉异议处理的注意事项	1. 是否掌握维修车辆跟踪回访中投诉异议处理方式； 2. 是否掌握投诉异议处理的话术； 3. 投诉异议处理时，是否注意有关事项	1. 作业流程是否完整； 2. 作业流程是否规范； 3. 是否做到7S管理
统计分析	1. 学习客户关系管理系统的操作； 2. 学习正确填写跟踪回访登记表	1. 整理客户管理系统中客户的回访信息； 2. 填写维修车辆跟踪回访登记表； 3. 分析存在的问题	对比计划可行性、经济性、可操作性、实施难度	1. 整理客户管理系统中客户的回访信息； 2. 填写维修车辆跟踪回访登记表； 3. 分析存在的问题并合理解决	1. 是否正确操作客户管理系统的； 2. 是否按要求填写回访记录表	

5. 分组单

学习情境六	跟踪服务			
学时	4			
典型工作过程描述	准备工作——回访话术——关怀客户——抱怨处理——统计分析			
分组情况	组别	组长	组员	
	1			
	2			
	3			
	4			
	5			
	6			
分组说明	根据学生总人数将6名同学分为一大组，2名同学分为一小组。本实训环节需要2名同学互相配合完成实训任务，一名同学负责扮演客服专员，另一名同学负责扮演客户，各组组长负责组员分工，完成学生自评任务，并与教师沟通			
班级		教师签字		日期

6. 教学反馈单

学习情境六	跟踪服务		
学时	4		
典型工作过程描述	准备工作——回访话术——关怀客户——抱怨处理——统计分析		
调查项目	序号	调查内容	理由描述
	1	维修车辆跟踪回访过程中客服专员仪容、仪表、着装是否规范,是否用标准的微笑、坐姿和电话礼仪与客户交流	
	2	维修车辆跟踪回访前的准备工作是否完整	
	3	维修车辆跟踪回访过程中的内容是否全面	
	4	维修车辆跟踪回访后的抱怨处理工作是否完整	
您对本次课程教学的改进意见是:			
被调查人信息		调查日期	

7. 成绩报告单

学习情境六	跟踪服务流程学习情境（汽车维修业务接待）成绩报告单																
学习情境六	跟踪服务															
学时	4															
		准备工作			回访话术			关怀客户			抱怨处理			统计分析			总评
序号	姓名	自评 6%	互评 9%	教师评 15%	合计 30%	自评 6%	互评 9%	教师评 15%	合计 30%	自评 8%	互评 12%	教师评 20%	合计 40%	自评 4%	互评 6%	教师评 10%	合计 20%	自评 4%	互评 6%	教师评 10%	合计 20%	100分
班级								教师签字							日期	

8. 思政元素表

学习情境六	跟踪服务
典型工作案例描述	客户张先生的×××型轿车两天前到×××4S经销店进行了4万公里定期维护、发动机清洗保护、空调杀菌和更换左前照灯四个项目。2天后，客服专员在对客户的跟踪服务中得知该服务顾问存在接待客户时个人形象不佳、服务过程中有没有耐心、不尊重客户的意见及零部件报价不准确等问题。针对客户的这个抱怨，我们应该如何提高服务顾问的职业素养
案例点评	服务顾问每天面对很多客户，熟悉、迅速、准确报价是每一个服务顾问应具备的基本素质。另外，要想成为一名优秀的服务顾问，不但要具备一定的技术能力，还要对维修项目的质量、价格、时间进行有效把控，更重要的是要有良好的工作形象和服务态度
思政要点	1.服务顾问接待客户时，不仅要具备一定的专业知识、掌握相应的接待话术，还应在客户面前发扬中华民族礼仪的美德，展示个人形象和职业素养，从而强化汽车维修接待的服务意识。 2.应培养学生深入关怀客户，耐心地为客户服务，具备"客户第一、服务至上"的服务理念，不断提高自身修养，使自己成为德技双馨的高素质高技能人才
参考资料	《汽车维修接待实务》配套微课，《思想道德修养与法治》

二、跟踪服务流程主要表单

（一）准备工作

1. 准备工作的资讯单

学习情境六	跟踪服务
学时	0.1
典型工作过程描述	准备工作
搜集资讯的方式	线下书籍及线上资源相结合
资讯描述	客户回访是汽车维修行业普遍推行的服务流程环节之一。客户回访作为售后服务工作的重要组成部分，不仅关系到汽车维修企业服务的质量、完整性，更关系到客户对服务和汽车维修企业的满意度，因此，做好客户回访工作是至关重要的。 通常来说，客户回访就是为顾客对汽车调试、维修等排除技术故障，提供技术支持，寄发产品或提示活动信息以及获得顾客对汽车产品和服务的反馈。 维修服务跟踪回访是维修服务工作完成后，做好客户关系维系的重要手段。维修企业及时进行维修车辆客户的回访、有效的客户满意度调查、积极处理客户在回访时提出的问题，是获取客户对企业的工作评价、不断改进企业工作、提升客户企业忠诚度的重要手段。

续上表

资讯描述	通过跟踪回访顾客,及时了解顾客维修后的车辆使用情况,如果存在问题,可以迅速采取补救措施,收集顾客对特约店提供的服务的评价,帮助提升服务质量。 顾客期望特约店对顾客和车辆使用状态的关怀,反映的意见或者问题,能及时得到回应。 回访前准备工作有: (1)确认系统正常; (2)筛选重点客户; (3)准备好常用资料、纸、笔及话术; (4)确定回访的方式(电话回访、上门回访); (5)通信工具的检查
对学生的要求	1. 了解维修车辆跟踪回访的重要性; 2. 掌握维修车辆跟踪回访的基本要领; 3. 学会根据场合进行正确的穿戴,并掌握微笑、坐姿和电话礼仪规范; 4. 能够用规范的仪容和职业的着装修饰自己,提升审美素养,弘扬中华美育精神; 5. 整理预约工具、资料,培养7S规范工作习惯,养成学生认真负责的工作态度和严谨的工作作风; 6. 在训练过程中应具备团队协作的意识和爱岗敬业的工匠精神、职业精神
参考资料	《汽车维修业务接待》配套微课

2. 准备工作的计划单

学习情境六	跟踪服务			
学时	0.1			
典型工作过程描述	准备工作			
计划制订的方式	小组讨论			
序号	工作步骤			注意事项
1	了解维修车辆跟踪回访的重要性			概括全面
2	掌握维修车辆跟踪回访的基本要领			描述清楚
3	学会正确的职业着装规范			描述清楚
4	掌握微笑、坐姿和电话礼仪规范			描述清楚
计划评价	班级		第 组	组长签字
	教师签字		日期	
	评语:			

3. 准备工作的决策单

学习情境六	跟踪服务				
学时	0.1				
典型工作过程描述	准备工作				
计划对比					
序号	可行性	经济性	可操作性	实施难度	综合评价
1					
2					
3					
4					
决策评价	班级		第 组	组长签字	
	教师签字		日期		
	评语：				

4. 准备工作的实施单

学习情境六	跟踪服务	
学时	0.3	
典型工作过程描述	准备工作	
序号	实施步骤	注意事项
1	维修车辆跟踪回访的重要性	分析概括全面
2	维修车辆跟踪回访的基本流程	分析概括全面
3	准备好回访话术	要求内容要齐全
4	学生电话礼仪训练	要求动作符合规范
实施说明		
实施评价	班级	第 组	组长签字	
	教师签字		日期	
	评语：			

5. 准备工作的检查单

学习情境六	跟踪服务			
学时	0.1			
典型工作过程描述	准备工作			
序号	检查项目	检查标准	学生自查	教师检查
1	维修车辆跟踪回访的重要性	是否描述完整		
2	维修车辆跟踪回访的基本流程	是否描述完整		
3	准备好回访话术	是否按要求准备齐全		
4	学生电话礼仪训练	是否按电话礼仪规范演示		
检查评价	班级		第 组	组长签字
	教师签字		日期	
	评语：			

6. 准备工作的评价单

学习情境六	跟踪服务			
学时	0.1			
典型工作过程描述	准备工作			
评价项目	评价子项目	学生自评	组内评价	教师评价
维修车辆跟踪回访的重要性	是否描述完整			
维修车辆跟踪回访的基本流程	是否描述完整			
准备好回访话术	是否按要求准备齐全			

续上表

评价项目	评价子项目	学生自评	组内评价	教师评价
学生电话礼仪训练	是否按电话礼仪规范演示			
评价等级（不及格、及格、良好、优秀）				
综合评价	班级： 　　　　第　　组　　组长签字： 教师签字： 　　　　　　日期： 评语：			

（二）回访话术

1. 回访话术的资讯单

学习情境六	跟踪服务
学时	0.1
典型工作过程描述	回访话术
搜集资讯的方式	线下书籍及线上资源相结合
资讯描述	客户回访在满意度提升方面起到举足轻重的作用，主要表现在以下几个方面： (1) 通过客户回访能够准确掌握每一位客户的基本情况及维修动向； (2) 在对客户有翔实了解的基础上，有针对性地对不同客户进行不同方法的维系与跟踪回访； (3) 了解客户需求，便于为客户提供更多、更优质的增值服务； (4) 发现自身存在的不足，及时改进提高。 一、开展回访工作基本要求 (1) 安静的回访环境； (2) 齐全的客户档案； (3) 一定的维修常识； (4) 统计分析手段； (5) 电话沟通礼仪和技巧； (6) 基本的交际礼仪（自我介绍礼仪、电话礼仪）。 二、回访话术设计 (1) 请问您这次维修，服务顾问是否及时、热情地接待您？（若没有，问明具体原因并向客户致歉，做好记录）

续上表

资讯描述	
	(2)请问您这次维修是预约来店的吗？（若不是，请问您知道我们的预约电话吗？若不知道就和客户说一下，下次如果您来店维修，可以先提前预约下，到时可以节省您的等待时间）
	(3)请问维修前，服务顾问是否向您说明了将要进行的项目及费用估算说明？（若没有，服务顾问是否让您在估价单上签字？）请问您对于服务顾问接待的整体满意程度如何？
	(4)请问这次维修，我店是否在承诺的时间内交车？（若没有，您能回忆一下当时的具体情况吗？对于延工的情况，服务顾问有提前告知您吗）
	(5)请问这次维修是一次就完成了吗？（若没有，询问具体原因，致歉并做好记录；若有追加项目，询问客户是否在第一时间被告知）请问对于这次维修的质量，您的满意程度如何？
	(6)请问服务顾问是否提醒您下次维护的时间？（针对维护的客户，若没有，跟客户提一下，在这次的时间上加6个月或里程上加7500公里，具体以车型不同而不同）
	(7)请问您对在我店维修的总体满意度如何？最后，我们想了解一下，假设您有多种选择，根据您此次在本4S店的经历，您的下一次维修还会在本4S店进行吗？假设您的亲戚朋友想买车，根据您此次在4S店的经历，您会推荐本4S店给您的亲戚朋友吗？
	三、维护车回访话术案例
	客服专员：您好，我是×××4S经销店客户专员王丽，请问您是车牌为×××车主吗？今天来店主要是想对您前两天来我店进行的维护过程进行一个客户满意度的调查回访，请问您现在方便吗？
	客户：是的，你好，请问您有什么事吗？
	回访专员：您的爱车2021年9月15日在我公司进行了4万公里维护、左前照灯更换、发动机清洗和空调杀菌项目，距离你维护时间已经有三天了，我们现在对您的爱车进行维护后跟踪回访。请问爱车近期的使用情况一切良好吗？
	客户：还可以。
	回访专员：非常感谢您对我们工作的支持，针对这次服务，我们想做个电话回访，耽误您几分钟时间，您看您方便吗？
	客户：方便。
	客服专员：非常感谢您！请您对以下问题用非常满意，满意，一般，不满意做个客观评价好吗？
	客户：好的。
	客服专员：您对正确完成维修工作完成情况的评价是？
	客户：非常满意。
	客服专员：好的，谢谢！那么您对交车时车辆干净整洁度方面的满意程度如何呢？
	客户：非常满意。
	客服专员：您这次和前一次来站是否因为同一故障而到店？
	客户：不是。
	客服专员：那么请您对维修工作开始前服务人员对即将展开工作的说明满意度如何呢？

续上表

资讯描述	客户:非常满意。 客服专员:那么对已完成维修工作或结算清单解释方面的满意程度如何? 客户:非常满意。 客服专员:请您对服务人员积极倾听您的要求和期望并给予响应方面的满意程度如何? 客户:非常满意。 客服专员:那么您对服务人员的专业知识水平方面的满意程度如何呢? 客户:非常满意。 客服专员:请您对服务人员的友好程度方面的评价是? 客户:非常满意。 客服专员:您对在服务站停留时间方面的评价是? 客户:非常满意。 客服专员:您对到店时接车过程等待时间方面的满意度如何? 客户:非常满意。 客服专员:您对交车过程的等待时间方面的满意程度如何? 客户:非常满意。 服务人员是否在约定的时间内完成了维修工作呢? 客户:是的,都完成了。 客服专员:好的,谢谢。 客户:好的,再见!
对学生的要求	1.能够用规范的仪容和职业的着装修饰自己,提升审美素养,弘扬中华美育精神; 2.能够根据客户需求,用标准话术给客户打电话,完成维修车辆跟踪回访; 3.养成学生认真负责的工作态度和严谨的工作作风; 4.整理预约工具、资料,培养 7S 规范工作习惯; 5.在训练过程中应具备团队协作的意识、爱岗敬业的工匠精神、职业精神
参考资料	《汽车维修业务接待》配套微课

2. 回访话术的计划单

学习情境六	跟踪服务	
学时	0.1	
典型工作 过程描述	回访话术	
计划制订的方式	小组讨论	
序号	工作步骤	注意事项
1	学习回访话术的重要性	
2	学习回访话术的内容,制作跟踪回访登记表	对比不同类型客户的话术

续上表

计划评价	班级		第 组	组长签字	
	教师签字		日期		
	评语：				

3. 回访话术的决策单

学习情境六	跟踪服务				
学时	0.1				
典型工作过程描述	回访话术				
计划对比					
序号	可行性	经济性	可操作性	实施难度	综合评价
1					
2					
3					
4					
决策评价	班级		第 组	组长签字	
	教师签字		日期		
	评语：				

4. 回访话术的实施单

学习情境六	跟踪服务	
学时	0.3	
典型工作过程描述	回访话术	
序号	实施步骤	注意事项
1	搜集学习维修车辆跟踪回访话术的重要性：	
2	学习回访话术的内容：	

续上表

实施说明	
实施评价	班级: 第 组 组长签字: 教师签字: 日期: 评语:

5. 回访话术的检查单

学习情境六	跟踪服务			
学时	0.1			
典型工作过程描述	回访话术			
序号	检查项目	检查标准	学生自查	教师检查
1	搜集学习维修车辆跟踪回访话术的重要性	是否描述完整		
2	学习回访话术的内容	是否描述清楚		
检查评价	班级: 第 组 组长签字: 教师签字: 日期: 评语:			

6. 回访话术的评价单

学习情境六	跟踪服务			
学时	0.1			
典型工作过程描述	回访话术			
评价项目	评价子项目	学生自评	组内评价	教师评价
作业流程完整性	作业流程是否完整			
作业流程规范性	作业流程是否规范			
7S 管理	是否做到 7S 管理			
评价等级(不及格、及格、良好、优秀)				
综合评价	班级		第 组	组长签字
	教师签字		日期	
	评语:			

（三）关怀客户

1. 关怀客户的资讯单

学习情境六	跟踪服务
学时	0.1
典型工作过程描述	关怀客户
搜集资讯的方式	线下书籍及线上资源相结合
资讯描述	汽车维修服务企业的客户关怀活动,一般围绕客户的车辆或者其自身策划而组织开展,或者是迎合客户车辆不同阶段的养护重点,比如车辆的优惠维护和检查、重点零配件的优惠促销等;或者满足不同客户群的差异化需求,如客户联谊活动、特定车友群体的讲座、趣味竞赛等。通过这些活动的开展,可以有效增强客户对汽车维修服务企业服务的满意度和忠诚度。 一、关怀客户的作用 (1)让客户切实感觉到汽车维修服务企业在用心地为自己提供关怀,丰富客户的生活,增强对汽车维修服务企业的满意和信任,满意和信任也可以为汽车维修服务企业创造更多、更长久的客户价值。 (2)群体性的客户关怀活动可以建立车主之间交流的平台,形成以汽车维修服务企业为纽带的客户群体,这对于提高客户的归属感、维系客户的忠诚度有很大帮助。

续上表

资讯描述	(3)给客户车辆养护提供更多优惠,消弭一些客户对汽车维修服务企业费用较高的影响,同时也适当提高进厂台次和服务营运收入,有利于培养客户消费惯性,减少客户流失。 (4)客户关怀活动也可以邀请现实客户的朋友参加,可以让潜在客户提前感知到汽车维修服务企业良好的服务,对于促成潜在客户的成交也是有所帮助的。 (5)以主动性、外向性的客户关怀活动来调动服务类员工的积极性,提升员工的工作热情,提升汽车维修服务企业在业内的服务品牌形象和口碑。 二、客户关怀的各种活动 1. 利用节日开展 一年的传统节日和法定节假日很多,像元旦、春节、植树节、端午节、劳动节、中秋节、国庆节、重阳节等,还有一些从西方引进但很受欢迎的节日,如情人节、圣诞节、母亲节、父亲节等。节假日的时候,客户参与活动的热情较高,只要汽车维修服务企业策划的客户关怀活动时间点合适、主题有意义、过程让客户感到轻松愉快,关怀活动就会得到客户的支持,而且满意度会很高。 2. 日常持续关怀 所谓日常持续性关怀,是指平时即时开展的客户关怀,往往只是一个提醒,一个问候,一个小礼物等简单的动作。这种关怀不需要当作系统性活动来策划组织,操作起来也很简单,只要真正有一种以客户为中心的服务精神,时刻想客户所想,就可以制造出无数个让客户感动的瞬间。
对学生的要求	1. 了解安抚客户的重要性; 2. 掌握安抚客户的方法; 3. 能够用规范的仪容和职业的着装修饰自己,提升审美素养,弘扬中华美育精神; 4. 整理预约工具、资料,培养 6S 规范工作习惯,养成学生认真负责的工作态度和严谨的工作作风; 5. 在训练过程中应具备团队协作的意识和爱岗敬业的工匠精神、职业精神
参考资料	《汽车维修业务接待》配套微课

2. 关怀客户的计划单

学习情境六	跟踪服务	
学时	0.1	
典型工作过程描述	关怀客户	
计划制订的方式	小组讨论	
序号	工作步骤	注意事项
1	了解安抚客户的重要性	
2	掌握安抚客户的方法	

续上表

计划评价	班级		第　组	组长签字	
	教师签字		日期		
	评语：				

3. 关怀客户的决策单

学习情境六	跟踪服务				
学时	0.1				
典型工作过程描述	关怀客户				
计划对比					
序号	可行性	经济性	可操作性	实施难度	综合评价
1					
2					
3					
4					
决策评价	班级		第　组	组长签字	
	教师签字		日期		
	评语：				

4. 关怀客户的实施单

学习情境六	跟踪服务			
学时	0.3			
典型工作过程描述	关怀客户			
序号	实施步骤			注意事项
1	关怀客户的重要性			正确描述关怀客户的重要性
2	关怀客户的方法			注意运用正确的安抚话术
实施说明				
实施评价	班级		第　　组	组长签字
	教师签字		日期	
	评语：			

5. 关怀客户的检查单

学习情境六	跟踪服务			
学时	0.1			
典型工作过程描述	关怀客户			
序号	检查项目	检查标准	学生自查	教师检查
1	关怀客户的重要性	检查描述是否全面		
2	关怀客户的方法	检查运用安抚话术是否恰当		

检查评价	班级		第　　组	组长签字	
	教师签字		日期		
	评语：				

6. 关怀客户的评价单

学习情境六	跟踪服务			
学时	0.1			
典型工作过程描述	关怀客户			
评价项目	评价子项目	学生自评	组内评价	教师评价
作业流程完整性	作业流程是否完整			
作业流程规范性	作业流程是否规范			
评价等级（不及格、及格、良好、优秀）				
综合评价	班级		第　　组	组长签字	
	教师签字		日期		
	评语：				

（四）抱怨处理

1. 抱怨处理的资讯单

学习情境六	跟踪服务
学时	0.1
典型工作过程描述	抱怨处理
搜集资讯的方式	线下书籍及线上资源相结合
资讯描述	根据客户维修车辆回访的实际情况，出于节约时间和成本的需要，对客户进行维修车辆回访一般采用电话回访。同时，大量的数据统计告诉我们，客户有抱怨也多在这个时候表现出来。因此，在回访过程中，良好地处理客户提出的抱怨，既有利于维修车辆跟踪回访工作的展开，同时，也是增强客户对本公司信任度的一个良机。

续上表

资讯描述	一、客户抱怨处理流程 倾听客户意见→安抚客户情绪→界定抱怨责任归属→跟进抱怨处理结果→跟踪反馈封闭抱怨。 1. 可能导致客户抱怨的行为 (1)维修质量差。 (2)维修过程中发生意外或故障。 (3)交车时错认客户、疏忽早先对客户的服务承诺。 (4)在订购备件时品种或到货时间出错。 (5)让客户久等(含交货期)。 (6)客户期望得到良好服务或其他利益的希望破灭。 (7)服务顾问说明技巧差。 (8)服务顾问介绍服务项目错误。 (9)不把客户的抱怨当回事。 (10)要求客户支付的钱太多(服务价格过高)。 (11)不是原来的服务顾问交车。 (12)服务顾问沟通技巧差。 (13)价格超出报价但没有事先通知客户。 (14)客户等待交车时间过长。 (15)交车时不给客户看旧件。 (16)服务顾问不知道停车位。 (17)服务顾问对客户的不合理要求含糊其词。 (18)交车时不向客户解释发票内容。 2. 抱怨处理的技巧 客服专员进行服务补救时,适当地运用、澄清和探寻等沟通技巧,对于问题的解决是十分必要的。 二、处理常见客户抱怨的规范解答 1. 倾听客户意见 维修过程中,客服专员是否主动与您联系,通报您车辆的维修进展情况? 客户:"维修过程中没有给我打过电话,都是我给服务顾问打电话,因为我对维修进度很关心。"(客服人员此时应安静地聆听客户的抱怨) 2. 安抚客户情绪 看来是我们工作疏忽了,在此先向您表示歉意。 3. 界定抱怨责任归属 我已经记录下您反馈的问题,并反馈给售后服务部。他们会在两个工作日内给予您圆满的答复,我们客户部门会对处理情况进行跟进,直到您满意为止,您看这样可以吗?(立即开具抱怨处理表,按抱怨处理流程时间点完成和处理好客户反馈的问题。对于没有及时跟进的客户表示歉意,赠送小礼品化解客户的异议)。 4. 跟进抱怨处理结果 客服专员人员跟进抱怨处理情况,判断售后维修部门是否解决问题了。

续上表

资讯描述	5. 跟踪反馈封闭抱怨 客服专员：真是不好意思给您带来了麻烦，您对我公司安排上门处理您反馈的问题还满意吗？如果用 1~10 分打分，您可以给我们打几分呢？（或非常满意、满意、一般等）
对学生的要求	1. 了解抱怨处理的重要性； 2. 掌握抱怨处理的方法； 3. 了解抱怨处理服务的注意事项； 4. 整理预约工具、资料，培养 7S 规范工作习惯，养成学生认真负责的工作态度和严谨的工作作风； 5. 在训练过程中应具备团队协作的意识和爱岗敬业的工匠精神、职业精神
参考资料	《汽车维修业务接待》配套微课

2. 抱怨处理的计划单

学习情境六	跟踪服务			
学时	0.1			
典型工作过程描述	抱怨处理			
计划制订的方式	小组讨论			
序号	工作步骤			注意事项
1	掌握抱怨处理的重要性			正确描述抱怨的重要性
2	掌握抱怨处理的方法			正确运用处理的话术
3	掌握抱怨处理服务的注意事项			正确描述抱怨处理的过程
计划评价	班级		第 组	组长签字
	教师签字		日期	
	评语：			

3. 抱怨处理的决策单

学习情境六	跟踪服务				
学时	0.1				
典型工作过程描述	抱怨处理				
计划对比					
序号	可行性	经济性	可操作性	实施难度	综合评价
1					
2					
3					
4					
决策评价	班级		第 组	组长签字	
	教师签字		日期		
	评语：				

4. 抱怨处理的实施单

学习情境六	跟踪服务	
学时	0.3	
典型工作过程描述	抱怨处理	
序号	实施步骤	注意事项
1	投诉异议处理的重要性	注意异议处理方式
2	接受投诉，记录顾客投诉内容，生成抱怨处理表	注意投诉异议内容
3	进入抱怨处理流程	正确运用处理话术

续上表

实施评价	实施说明				
	班级		第 组	组长签字	
	教师签字		日期		
	评语：				

5. 抱怨处理的检查单

学习情境六	跟踪服务			
学时	0.1			
典型工作过程描述	抱怨处理			
序号	检查项目	检查标准	学生自查	教师检查
1	投诉异议处理重要性	描述是否准确		
2	投诉异议处理的方法	方法是否恰当		
3	抱怨处理的话术	运用是否准确		

检查评价	班级		第 组	组长签字	
	教师签字		日期		
	评语：				

6. 抱怨处理的评价单

学习情境六	跟踪服务			
学时	0.1			
典型工作过程描述	抱怨处理			
评价项目	评价子项目	学生自评	组内评价	教师评价
作业流程完整性	作业流程是否完整			
作业流程规范性	作业流程是否规范			
评价等级（不及格、及格、良好、优秀）				
综合评价	班级		第　　组	组长签字
	教师签字		日期	
	评语：			

（五）统计分析

1. 统计分析的资讯单

学习情境六	跟踪服务
学时	0.1
典型工作过程描述	统计分析
搜集资讯的方式	线下书籍及线上资源相结合
资讯描述	整理客户管理系统中客户的信息，并对回访信息进行分析。 (1)保障回访信息的真实性。 (2)将回访信息进行阶段性汇总公示。 (3)回访信息应成为企业改善的重要依据。 (4)在回访工作中如遇到客户的重大质量投诉，回访人员应详细记录客户的原话与车辆信息，并立即做好应对措施予以补救。 (5)"顾客的声音"活动(Voice of Customers, VOC)。VOC活动指主动收集和挖掘顾客潜在的声音和需求，经过整理和分析后，从顾客的角度开展特约店的各项服务及改善活动，从根本上消除抱怨，并实现特约店自身管理水平的提升，谋求最大限度地使顾客获得最终的满足，从而达到使特约店获得永久性收益的目的

续上表

对学生的要求	1. 根据预约内容在客户管理系统中仔细填写客户的信息,并准确、完整填写跟踪回访登记表; 2. 按时向客户打电话跟踪回访; 3. 整理预约工具、资料,培养7S规范工作习惯,养成学生认真负责的工作态度和严谨的工作作风; 4. 在训练过程中应具备团队协作的意识和爱岗敬业的工匠精神、职业精神
参考资料	《汽车维修业务接待》配套微课

2. 统计分析的计划单

学习情境六	跟踪服务			
学时	0.1			
典型工作过程描述	统计分析			
计划制订的方式	小组讨论			
序号	工作步骤			注意事项
1	整理客户管理系统中客户的信息,并对回访信息进行分析,完成跟踪回访登记表			注意登记的准确性
2	针对存在的问题开展 VOC 活动			注意采用恰当的方法
计划评价	班级		第 组	组长签字
	教师签字		日期	
	评语:			

3. 统计分析的决策单

学习情境六	跟踪服务				
学时	0.1				
典型工作过程描述	统计分析				
计划对比					
序号	可行性	经济性	可操作性	实施难度	综合评价
1					
2					
3					
4					
决策评价	班级		第 组	组长签字	
	教师签字		日期		
	评语：				

4. 统计分析的实施单

学习情境六	跟踪服务
学时	0.3
典型工作过程描述	统计分析

序号	实施步骤	注意事项
1	了解回访后统计分析的重要性及好处	注意正确描述统计分析的好处
2	回访后针对回访信息进行分析	合理正确进行分析回访信息
3	针对存在的问题开展 VOC 活动	及时汇总分析并提出解决措施

续上表

实施说明					
实施评价	班级		第　　组	组长签字	
	教师签字		日期		
	评语：				

5. 统计分析的检查单

学习情境六	跟踪服务			
学时	0.1			
典型工作过程描述	统计分析			
序号	检查项目	检查标准	学生自查	教师检查
1	填写描述统计分析重要性	描述内容是否准确		
2	分析回访信息，填写回访信息表	分析、填写是否正确		
3	提出解决问题方法	方法是否得当		
检查评价	班级		第　　组	组长签字	
	教师签字		日期		
	评语：				

6. 统计分析的评价单

学习情境六	跟踪服务			
学时	0.1			
典型工作过程描述	统计分析			
评价项目	评价子项目	学生自评	组内评价	教师评价
作业流程完整性	作业流程是否完整			
作业流程规范性	作业流程是否准确、规范			
评价等级(不及格、及格、良好、优秀)				
综合评价	班级		第 组	组长签字
	教师签字		日期	
	评语:			

参 考 文 献

[1] 王彦峰.汽车维修服务接待[M].2版.北京:人民交通出版社股份有限公司,2018.
[2] 赵文霞.汽车4S店维修接服务[M].北京:中国农业出版社,2015.
[3] 王彦峰.汽车维修接待实务[M].2版.北京:人民交通出版社股份有限公司,2021.
[4] 上海大众.售后服务流程[R].北京:服务顾问培训课程,2012.
[5] 邢茜.汽车维修业务接待[M].北京:人民交通出版社股份有限公司,2019.
[6] 赵苑,刘茜.汽车维修接待实务[M].北京:北京理工大学出版社,2020.